前言
PREFACE

从出生到读完小学六年级,是孩子人格、品质、行为方式形成的关键时期。这一时期,孩子可塑性非常强,如果给他的大脑中输入乐观、勇敢、有礼貌、知识无价、人生美好等关键词,那么这些优良的品质与思想,就将伴随孩子的一生,令其受益终身;而如果此时将狭隘、自私、懒惰、学习很苦、社会黑暗等关键词输入孩子的大脑,那么这些不良的品质与思想以后就很难改变,也必将伴随孩子的一生。从出生到读完小学六年级,也是培养孩子的很重要的阶段,这个阶段涵盖了学龄前和小学,是各种能力发展、素质提升的打基础时期,基础打好了,中学、大学乃至成年后的职业生涯都会很顺畅。

父母的陪伴,在孩子的成长过程中至关重要,甚至在某种意义上决定着孩子的前途命运。国外某教育机构经过研究发现:小孩子90%以上的素质,是由父母决定的！换句话说，父母的素养如何、教育方式如何，将直接决定孩子的未来，乃至一生！父母是孩子的第一任老师，从孩子出生开始，父母的一举一动带给孩子的都是最直观、最有效的经验指导。孩子是敏锐的，他们擅长捕捉父母的喜好，然后不动声色地学习、模仿、调整自我。父母错误的教育方式，往往会使孩子误入歧途；而父母正确的言传身教，也可以让孩子顺利成长，这就是父母的作用。从这个意义上说，每个父母都应该是教育家，要有爱和洞察力，还要能够透彻认识自己，完善自己的育儿知识和教养方式，为孩子提供一个适宜的成长环境。只有这样，才能够把自己的孩子教育好，使孩子健康幸福地成长，并在人生道路上取得成功。

本书内容贴近现实生活，科学实用，书中收录的一些实例，极具参考价值，是父母陪伴孩子、塑造优秀孩子的不可多得的好帮手。每个孩子都是珍贵的存在，每个孩子都可能成为天才，而每位父母，都可能是培养天才的教育家。我们不能仅仅关注孩子智力的开发和身体的成长，更应该关注孩子心理上的微妙变化，更应该知道父母在家庭教育中应该懂得的心理学，知道如何在生活中运用它们。最后，衷心祝愿每一位父母都能做有智慧、懂教育的好父母，每一个孩子都能受到最好的教育，都能健康、快乐地成长。

第一章
小学阶段，陪伴才是最好的教育

孩子的成长需要父母的陪伴 002
除了钱，孩子更需要爸爸妈妈的时间 005
"高科技"玩具不能代替父母的呵护 008
让孩子少看电视，父母最好以身作则 011
孩子爱奶奶，隔辈教育好不好 013
你是"亲生后母"吗 016
职场女性也能做个好妈妈 019

第二章
幸福的家是父母送给孩子最好的礼物

幸福的家是送给孩子成长的最好礼物 024
房间布置也能透出母爱 026
别让不良环境毁了孩子的未来 030
蕴于生活的身教更具说服力 033

向孩子保证：对他的爱永无终止..................................035
归属感是孩子最早的安全感..038
父亲与母亲合作，才能保证孩子最好的成长........041

第三章
和孩子一起玩，还孩子五颜六色的童年

幸福和快乐是童年最应该学的功课..........................046
和孩子一起进入童话世界..049
没有异想天开的童年不完整..051
多彩的河流是孩子想象力的表现..................................054
多一些惊喜，孩子更乐观..057
和孩子一起选择游戏、玩游戏......................................059
别将自己的梦想变成孩子童年的重负..........................062

第四章
再忙也要留下和孩子对话的时间

80/20：对话黄金法则...066
做孩子最忠实的倾听者..069
低声说与大嗓门，哪个更有效......................................072
南风效应：温暖的沟通法最得孩子心..........................075
一个拥抱胜过十次说教..077
平等协商，让孩子在民主氛围中成长..........................080

聊天是另一种形式的爱 083
再忙也要留下和孩子对话的时间 085
5岁至小学二年级孩子的对话方法 088
小学三年级至青春期孩子的对话方法 090

第五章
用陪伴让孩子感受到学习的甜蜜

为孩子营造最佳的读书氛围 094
父母假装不知道,虚心向孩子"请教" 097
孩子遭遇学习低谷怎么办 100
给学习压力大的孩子做做情绪疏导 103
让自卑的孩子相信自己的能力 105
奖励要适当,否则可能毁前程 109
多种感官齐动员,学习效率提上来 112
每个厌书的孩子背后都有厌书的父母 114

第六章
弯下腰去感知,跟孩子建立心灵共鸣

理解孩子,小孩也会"心累" 120
及时去掉心理包袱,让孩子轻松前行 123
坏情绪,不疏导就可能会"决堤" 126
让孩子在涂画中发泄情绪 129

积极暗示，让孩子摆脱坏心理 132
给孩子一个专属的宣泄空间 135
爱能让孩子从沮丧中重生 138
开心的父母才有快乐的孩子 141

第七章
孩子的成长需要家长积极的期望

给孩子积极的期望，孩子就会朝积极的方向
　　改进 146
把赏识当成孩子生命中的一种需要 149
正确的赏识是激发孩子潜能的良药 151
对孩子的积极期望要循序渐进 154
批评是扼杀天才的行为 157
孩子对父母也有期待 160
赞美不能掉价，表扬不能失效 162
相信自己的孩子是天才 166
孩子的能力不可低估，努力发现自己的孩子 ... 169
目标是一种积极期望，也是孩子成长的需要 ... 172
孩子的自信来源于父母的信心 176
孩子需要父母给以成就感 179

第一章

小学阶段，陪伴才是最好的教育

孩子的成长需要父母的陪伴

一位母亲在给儿子的信中写道:"你是一个铁杆球迷,为了看球,甚至可以不吃饭、不睡觉。说实话,我原本无法理解,对我来说,足球只是一堆人争夺一个球的无聊游戏。你常常深更半夜悄悄起来看英超、意甲转播,虽然为了不吵醒我们,你总是把音量放到最低。但是,你那压抑的激动声响和偶尔克制不住而发出的大声喝彩,还是会惊醒我,那时,总免不了对你的一顿教训。可有一天,一个念头突然冒出来:能够让你如痴如醉的足球到底为何吸引你呢?我怎样才能够体会你在看足球时的快乐呢?有机会一定要尝试一下。"

对此,儿子在自己的日记中也有所记载:"奇迹果然出现了!不但是塞内加尔的奇迹,也是我妈妈的奇迹——她竟然从此迷上了足球,每天抢着看报纸,准时看球赛,关心贝克汉姆,询问罗纳尔多。当我们同时情不自禁地站起来,面红耳赤地给中国队加油的时候,我感到我们的心灵第一次如此相通。我心里只想说:'能跟妈妈分享我的快乐,我真高兴!'"

养育孩子的过程也是陪伴孩子的过程,只有当孩子感受到你

陪孩子走过小学六年

宋洁 著

天津出版传媒集团
天津科学技术出版社

图书在版编目（CIP）数据

陪孩子走过小学六年 / 宋洁著 . -- 天津 : 天津科学技术出版社, 2022.7（2023.12 重印）
ISBN 978-7-5742-0139-2

Ⅰ. ①陪… Ⅱ. ①宋… Ⅲ. ①小学生－家庭教育 Ⅳ. ① G782

中国版本图书馆 CIP 数据核字（2022）第 106014 号

陪孩子走过小学六年
PEI HAIZI ZOUGUO XIAOXUE LIUNIAN

策划编辑：杨　譞
责任编辑：宋佳霖
责任印制：兰　毅

出　　版：	天津出版传媒集团
	天津科学技术出版社
地　　址：	天津市西康路 35 号
邮　　编：	300051
电　　话：	（022）23332490
网　　址：	www.tjkjcbs.com.cn
发　　行：	新华书店经销
印　　刷：	三河市兴达印务有限公司

开本 880×1230　1/32　印张 6　字数 150 000
2023 年 12 月第 1 版第 2 次印刷
定价：35.00 元

与他同在一起，他才能把你的爱放入心中。

　　与孩子共同参与活动，陪伴孩子成长，对于亲子关系非常重要。

　　孩子们通常有自己的社会活动，例如，学校组织的风筝大赛、校际篮球比赛、乒乓球比赛等。一些父母可能会认为，这只是毛孩子的游戏，关我什么事儿呀！其实，这种想法是完全错误的。教育学家建议父母们，要积极参与孩子的这类活动，因为你的参与就是对他们的肯定。

　　安吉莉从未忘记参加有儿子参与的每一项活动：市篮球联赛、运动会、学生音乐会、话剧表演——即使儿子只是演一棵树。安吉莉是一个牙科医生，对运动一窍不通，对音乐也不大感兴趣，但她还是努力抽出时间去为儿子加油。因为她说，希望自己在孩子成长过程中尽量陪着他。

　　最近一段时间，儿子迷上了制作遥控飞行器，为此，他甚至办了寄宿，专心地在学校里研究试验。每天，他都会给安吉莉打电话，报告自己的新进展：他的飞行器反应更灵活了、飞得更远了……一天，儿子打来电话："妈妈，明天下午就开始比赛了，来替我加油吧！"

　　妈妈兴高采烈地回答："太棒了！我明天一定准时去。"

　　第二天，安吉莉把诊所停业一天，上午跑到书店里找了很多遥控飞行器方面的书，又给儿子买了一组昂贵的飞机模型，下午准时赶到学校。遗憾的是，儿子那天并没有取得好名次，面对专程赶来的妈妈,孩子有点惭愧。安吉莉拿出自己准备好的礼物——书和模型递给了儿子,然后用玩笑式的威胁口吻说:"小子,看到了吗?这么贵的书和礼物都买了,你要是敢因为一次小小的失败就放弃,那我绝对饶不了你!"

儿子大笑着接过礼物:"什么放弃呀!等着吧,下次第一名就是我!"这时,他已经完全振作起来了。

腾出时间陪孩子一起做孩子所热衷的事情,是非常重要的。很多父母不明白这一点,只是一心一意"教育"孩子,却拉开了孩子和自己的距离,到了孩子成年的时候,两个人竟然像陌生人一样,无法对话了。

如果你希望孩子养成持之以恒的品质,掌握其他与工作、生活相关的技能,你就要积极去参与孩子的活动,用你自己的兴趣、可依赖性及独特的指导,为孩子树立榜样。

最好的父母不是端坐在书房中写字的父母,也不是忙碌在厨房里做菜的父母,而是那个一直陪伴着孩子的父母。他不是一个符号,而是孩子生命中不可缺少的一部分,共同的回忆把他们紧紧连在一起。

多多陪伴孩子,参加他的集体活动,主动帮他解决问题,这样父母才能真正了解自己的孩子需要怎样的爱。孩子的成长需要父母的陪伴,你可以错过一份好的工作、一个好的人生机遇,可是,身为父母,如果你错过了孩子的成长,便也错过了孩子人生中许多美丽的风景。

除了钱，孩子更需要爸爸妈妈的时间

一位妈妈下班回家的时候已经很晚了，她发现5岁的儿子正靠在门边等她。

"妈妈，我可以问你一个问题吗？"儿子问。

"可以，你问吧。"妈妈回答。

"您1小时可以赚多少钱？"儿子问道。

"你为什么问这个问题？"妈妈有点生气地说道。

"我只是想知道，请您告诉我吧！"儿子哀求着。

"如果你一定要知道的话，我1小时能赚20元。"妈妈无奈地说。

"哦！"儿子低着头说，"妈妈，那您可以借我10元吗？"

妈妈被激怒了："如果你问这问题只是想要借钱去买玩具的话，你就马上给我回到你的房间并好好想想为什么你会那样自私。我每天工作很辛苦，没时间陪你玩小孩子的游戏。"

儿子听了默默地回到自己的房间。1小时后,妈妈平静下来了，她觉得对儿子太凶了，于是走到儿子的房间。"你睡了吗，孩子？"她问道。

"还没睡。"儿子回答。

"我想过了，我刚刚对你太凶了。"妈妈有些歉疚地说，"我将今天的怨气都撒在了你的身上，对不起，孩子。这是你要的

10元。"

儿子笑着搂住妈妈的脖子说："妈妈，谢谢你！"说完他从枕头下拿出一些被弄皱了的钞票，对妈妈说："妈妈，我现在有20元了，我可以向你买1小时的时间吗？请你明天早一点回家，我想和你一起吃晚餐。"

你是不是从这个故事中看到了自己的影子呢？的确，就像故事中的妈妈一样，现在的父母们总是忙着不停地工作、赚钱……从来没有想过停下来陪孩子一起玩。大多父母本能地认为只要给了孩子舒适的环境、良好的物质条件，让孩子不愁吃不愁穿，他自然就会健康长大，但是父母们却忽视了孩子的健康成长中最重要的条件——爱。父母的爱才是孩子最需要的，家庭的温暖感觉来自家人之间的爱，而不是钱。

现在的父母大多很舍得在孩子身上花钱，但却舍不得付出时间和精力。"工作忙""加班""挣钱""为了以后更好生活"……这些都不能作为"不陪孩子"的借口。孩子不是一件玩具，他的健康成长和父母的爱与支持密不可分。虽说一个家庭的经济能力很重要，但如果父母与孩子之间其乐融融，即使经济状况不太好，大家也会共同努力来克服。因为赚钱而影响孩子的健康成长，那就是得不偿失了。父母们不要掉进忙碌的陷阱，也不要做赚钱的机器，因为多少钱都买不来陪孩子长大的过程，成长只有一次，一旦错过了，这个遗憾一辈子都无法弥补。

茵茵是个10岁的女孩，不仅学习成绩不好，性情也很古怪。

她既不喜欢与同学相处，也不喜欢和父母待在一起，她只喜欢黏着家里的保姆小玲。

茵茵的父母非常能干，是单位的重要负责人，家里经济条件非常好。孩子一出生，他们就请了保姆小玲来家里照顾孩子。妈妈休完产假上班后把带孩子的事完全交给了保姆，茵茵其实是小玲带大的。

表面上看起来茵茵一直和父母生活在一起，但是由于父母工作忙，每天早出晚归，孩子从早到晚甚至睡觉都是和保姆一起。茵茵住在自己家，感觉却像个"寄养儿童"。所以，茵茵从小就十分孤独，性格也很孤僻。

后来小玲回农村结婚，离开了茵茵，茵茵从此就更加孤单了。父母为她找了新保姆，但是茵茵和新保姆都处不来，于是父母就只能一次又一次地换保姆。在更换保姆期间，茵茵每天一个人在家，她的性格也变得越发孤僻，而且身体也越来越差，学习成绩就更不用提了。

在现代社会，很多父母会为了自己的事业忽视了对孩子的养育。他们把自己的大部分时间给了事业，留给孩子的时间只有可怜的一点点。也许有的父母会说，我虽然工作，但是也天天和孩子在一起啊！可是，即使你天天见到你的孩子，如果你没有时间和孩子聊一聊学校里发生的好玩事情，没有时间给孩子讲故事讲笑话，没有告诉你多么爱他，那么你的孩子还是会感觉到无比的孤独，这样的孩子是精神上的"留守儿童"。

父母要明白，正在成长中的孩子每一天所遇到的每一种情况都可能会对他们的成长产生巨大的影响，父母需要把与孩子相处这件事放到一个很重要的位置上，不能对孩子爱的需求视而不见，别把你的孩子变成可怜的"精神孤儿"。请你多给孩子一些时间，一些关爱，让孩子实实在在地感受到你对他的关心和爱护，让自己问心无愧地接受孩子的那一句"爸爸""妈妈"。

"高科技"玩具不能代替父母的呵护

欢欢的爸爸是医生，经常加班，所以，照看欢欢的重任就主要落在妈妈的肩上。妈妈是个公务员，工作朝九晚五。晚上吃完饭后，妈妈总是和几个阿姨约在一起打麻将，为了不让欢欢捣乱，妈妈总是把欢欢放在电视前，让她自己看电视。欢欢每天晚上都会坐在沙发上看电视，一直看到睡着，妈妈打完麻将再把她抱到床上脱衣服睡觉。

慢慢地，欢欢与妈妈的接触越来越少，她也越来越自闭，经常一回家就自己坐在电视机前看电视，家里似乎只有电视机和她最亲近，妈妈看孩子自己看电视，不妨碍她打麻将还暗自高兴。可是，欢欢年仅5岁，眼睛就近视了，而且还患上了自闭症，这些其实主要归咎于妈妈的不负责任！

很多成功或者不负责任的父母总是因为太忙或太贪玩而无法

与孩子一起消磨时间，于是他们就把电视机或者电子产品请来做孩子的"保姆"，时间长了孩子就丧失了思考能力，而且感情还很脆弱。

还有些父母总是觉得高科技的产品一定对开发孩子的智力有好处，于是就不断地把这些高科技产品塞在孩子手里，但实际上，如果一个孩子长期看电视，必然会导致智力下降；同样道理，经常玩电子游戏的孩子智力也会下降。另外有研究表明：那些利用新技术开发出来的智力玩具，也常常会导致种种意想不到的后果，甚至可能会对儿童的成长造成危害。

明明很喜欢听故事，每天晚上都会缠着妈妈讲故事，这让妈妈很不耐烦，于是她给孩子买来一个CD机。每当孩子要求听故事的时候，妈妈就会把CD机打开，让孩子自己看动画片。

齐齐的父母是一对"数码潮人"，家里有各种各样新奇的数码产品。每当齐齐追着他们要求做游戏的时候，他们就会拿出电脑，找到游戏，交给孩子，让他自己到一边去玩。看到孩子对数码产品感兴趣的样子，他们非常开心，但是他们也发现孩子越来越不爱说话，出去玩的时候也是一个人躲在角落里玩电脑游戏。

其实，对于孩子来说，他们最需要的是被爱的感觉，他们喜欢的是和爸爸妈妈亲密接触时享受到的爱和温暖。

在柔和的灯光下，父母和孩子凑在一起欣赏书里的有趣故事，这是多么温馨的画面！孩子会随着故事中人物的喜怒哀乐而产生感情共鸣。当孩子产生喜怒哀乐的情绪时，总想和人一起分享。

成年人尚且有和人分享的心理需要，何况是孩子呢？他们需要父母来倾听他们的声音，分享他们的喜怒哀乐，这会让孩子感到父母在关心、爱护他，父母会因此而赢得孩子的信任。在家庭教育中，父母的关心、信任可使孩子感到他与父母处于平等的地位，从而对父母更加尊重和亲近，并乐于向父母倾吐心声。而这些东西都是一套动画片或者是一件高科技玩具不可能提供的。

这种被爱的感觉不但可以加强孩子的安全感和归属感，而且也是一个孩子乐观、自信的动力。即便是成年人也常常希望听到一遍又一遍"我爱你"来确定一种稳定的关系，孩子的心里更是渴望爱的关系被行动证明。而父母的陪伴，无疑就是最好的证明方式。

对被电动玩具、电视、电脑带大的孩子来说，"亲情"很可能是一个陌生的概念。当他看到别的孩子在妈妈的怀中撒娇，坐在爸爸的车上上学放学时，孤独感和失落感会在孩子的心里留下阴影。

大量事实表明，没有感受过太多爱的孩子容易多疑、自卑、缺少主见，或是走向另一个极端——自大、自私、固执己见。这些都不利于孩子将来的生活，而且这种影响不会因孩子长大而消失。因此父母们，尤其是那些忙着事业、忙着玩的父母们一定要记住，孩子真正在乎的，是父母能花多少时间来照顾他以及陪他玩。让孩子接触再多的智力开发产品，也比不上父母和孩子之间哪怕是最随意的玩耍，这种玩耍给孩子的智力和感情带来的刺激比任何人工产品的功效都要强大得多。

让孩子少看电视,父母最好以身作则

随着现代科技的发展,电视屏幕越来越大,越来越清晰,电视频道也越来越多,这在很大程度上满足了人们放松精神的需要,但是电视也给许多望子成龙的家长们带来了恼人的家教问题。

说起孩子的"电视瘾",刘妈妈也很苦恼。她抱怨说孩子最喜欢吃饭的时候看电视,本来20分钟就可以吃完饭,他非要磨蹭着吃40分钟。有的时候如果关着电视他就拒绝吃饭。孩子离不开电视的习惯真让人犯愁。

小孩子,特别是小学阶段的孩子看电视上瘾影响学习应该怎么办呢?

首先最重要的是家长要能够以身作则,拒绝电视的诱惑。一些有经验的家长说,"要想让孩子能够专心学习,做家长的必须要首先关掉电视机。"因为即使家长们把电视声音调到很低,这些节目也会对正在做作业的孩子形成诱惑,让孩子不由自主分散注意力,总是想偷偷地看一眼,只有自己关掉电视机才能让孩子真正进入学习状态。如果不想让孩子看电视,并且培养孩子其他的兴趣,家长要多花点心思去创造更多有趣的活动,比如一起看书、一起参加活动、一起运动健身等,用丰富多彩的活动"占领"

孩子看电视的时间，让孩子发现更有趣更有意义的活动。

另外家长们也可以制定看电视的家庭规则。看什么节目以及看的次数和时间都要有明确的规定，比如作业没做好不能看，没吃完饭不能看，看到几点就要去做作业或睡觉，这些都要事先跟孩子说好。而一旦做好了规定，大人和孩子就必须要共同遵守，严格执行，不能因为孩子的请求而心软，也不能因为自己是大人就擅自破坏规矩。

小玲今年上六年级，正面临"小升初"的考试。她原本是个小小电视迷，因为成绩一直不错，开始的时候妈妈并没有强制剥夺她看电视的权利。但是上了六年级之后，妈妈就不再允许她看电视了。这一天，小玲正在学习，忽然听到妈妈看电视的声音，就把房门拉开一条缝，躲在门后悄悄看，不料被妈妈发现了，妈妈大发雷霆。小玲嘀咕了一句："为什么我不能看，你就能看？"妈妈听了更生气了，大声训斥道："我是大人了，工作一天很辛苦，并且现在不需要学习，所以可以晚上看电视；你是孩子，需要好好学习，需要完成作业，所以你不能看电视！"

小玲的妈妈说的似乎没有错，孩子也没有反驳，但是这种说法造成的效果却非常不好，这些话潜在的意思是：看电视是一种特权，我现在已经有资格享受了；你还没有资格，你只有好好学习，才能获得这样的资格。

这种说法让孩子觉得他和大人之间是不平等的，他会认为大人是有特权的，而且"学习"的过程是痛苦不堪的，和"享乐"

是完全对立的。其实孩子的心里明白自己应该去学习，可是天性中的享乐愿望又让他非常想看电视。如果这种矛盾经常出现，就会激起他对学习的厌烦和对电视更热切的渴望。

其实很多家长也知道以身作则的重要性，但是很多人也表示自己很难做到。连家长都觉得不想做的事情，凭什么要求孩子做到呢？其实，很多时候，身教都胜于言传，家长的行动往往比语言更有说服力。要尽可能减少环境中的诱惑，而不是劝说孩子去抵抗诱惑；家长应该主动走进孩子的内心世界，在看电视的问题上和孩子平等地沟通，发挥榜样作用，帮助孩子从小养成良好的行为习惯，让他终身受益。

孩子爱奶奶，隔辈教育好不好

"妈妈就只会说我淘气，她根本不管我，有什么资格说我？我饿了，奶奶喂我吃饭；困了，奶奶给我铺床，讲故事哄我睡觉；作业不会做，奶奶教我；如果妈妈说我，我才不怕，有奶奶保护我呢。"

这段文字摘自一篇小学生作文。妈妈看了，大概会哭笑不得吧。

生活节奏越来越紧张，年轻的父母们迫于工作生活压力，几乎无暇顾及孩子，不得不将孩子的抚养重担移交一些给孩子的爷爷、奶奶、外公、外婆。于是,祖父母们便不自觉地成为孩子的"爸爸妈妈"兼"保镖"。从生活照料到上学接送,从检查作业到在爸爸妈妈批评孩子时充当"保护伞"鸣不平,在当下,大概是一个普遍的社会现象。

聪儿已经是小学二年级的学生了,但她的"状况"越来越让妈妈忧心。在家里聪儿一切都挺正常的,爱说爱笑,但在学校里,她非常害怕集体活动,胆小到老师让她起来回答问题都会吓哭,最近还在家常常反驳妈妈:"奶奶说了,女孩子长大以后会变笨,怎么也比不过男孩子,女孩子小的时候学习再好也没用!"

年轻的由于自己没有时间带孩子,而不得不把孩子交给老人带。这样做的好处固然显而易见:老人平和的心态给孩子造就和谐的家庭氛围;"老小孩"的特点让他们容易融入孩子的游戏之中,令他们关系融洽;经验丰富的祖辈在抚育孩子这一点上具有丰富的实践经验,他们淡定沉着、耐心细致的态度及方法,不仅能给孩子安全感,更给工作生活压力较大的年轻父母积极的支持和帮助;老人对优秀的传统文化和美德有着更多的认知,在向孩子传承这些东西时更有优势。

但是,就像聪儿妈妈忧虑的那样,老人带孩子产生的问题也很明显:老人对孩子的无原则的溺爱,不仅阻挠了孩子优秀自我品格的成长,导致孩子出现任性、依赖性强以及生活自理能力发展缓慢能问题,还因为在教育孩子的问题上与父母产生分歧,一方面让孩子产生混乱的是非观感,另一方面影响了父母和孩子之间的亲子感情。除此之外，由于祖辈自身认知能力与现代教育观念的落差，导致他们对孩子的教育理念不仅"落伍"还"错误"。

那么，对身负工作生活压力的父母而言，在自己全力照顾养育孩子分身乏术的情况下，应该如何有效对待并处理"隔辈教育"？

在此，建议父母首先承担必要的责任，做一个负责任的好父母，这是教育好孩子的前提。父母不论多忙，都要尽量多抽时间陪伴孩子，不要以忙为借口，把对孩子的教育责任、抚养责任全部推给老人，待到孩子出现问题又指责祖父母。

心理学研究表明，幼儿期是亲子关系培养的重要阶段。这个阶段如果孩子不和父母生活在一起，他的亲情归属感就会发生转移，通常都会转移到和自己一起生活的人的身上。如果把孩子完全放任地交给祖辈抚养，那么就会出现孩子和爷爷奶奶、外公外婆感情深厚，和自己父母反而有隔阂的家庭生活现象，而这一现象势必会影响到孩子今后的身心健康。

其次，当父母和老人的教育观念发生分歧时，与老人的沟通要讲"技巧"。不要一味地以为老一辈人什么都不懂，什么都不能理解。实际上，只要对他们报以足够的耐心去解释、讲解，掌握一些"沟通技巧"，他们也乐于学习一些先进的教育理念和有效的教育方式。

这些技巧包括：第一，肯定并强调他们对孩子的爱，因为这份爱，大家都希望孩子成长为一个身心健康人格健全的人，不要直白地对老人说"你这样不对,会害了孩子"之类的话;第二,多用育儿专家的话来讲道理,你可以说"我看到一个育儿专家说这样对孩子的人格发展有帮助,很好",不要说"你那样教不对,我觉得应该这样教"等;第三,一旦老人做了对的教育方式,一定要大加鼓励和赞扬,强调因为老人的这种方式,孩子在哪个方面表现得比过去好多了。

最后,聪明的父母不会当着孩子的面,与老人争执该如何教育孩子。孩子虽小,但他对外界的认知正是飞速发展的时候,他的观察能力不仅格外敏锐,"钻空子"的能力也不容小瞧。在孩子面前进行争执,不仅会让他察觉两方争执不下,自己身上的问题不会有人管,从而导致问题越来越严重,甚至带来别的问题,还会让他觉得这种不和谐的家庭氛围不安全,从而对他的心理发展产生不利影响。

你是"亲生后母"吗

人们对后母的印象通常是极为不好的。许多人都认为后母的恶劣行为会给孩子的幼小心灵造成巨大的伤害。但是,人们通常只关注真正的后母的行为,却常常忽视"亲生后母"现象,这种现象其实比后母对孩子造成的伤害更大。

那么,什么是"亲生后母"呢?所谓"亲生后母"就是指妈妈虽然把孩子生下来了,但是没有尽到相应的责任,比如将孩子送给别人抚养或是对自己的孩子动不动就打骂等。

"亲生后母"现象大致可以分为三种类型:

第一种类型是孩子出生时或出生后发生了某种变故,比如难产、犯了忌讳等原因导致母亲心理上对孩子的疏远。

思思出生的那一天,她的爸爸因为意外去世了,所以思思的妈妈认定正是因为女儿的出生带来了爸爸的死亡,于是思思刚出生就被送到了外婆家抚养,妈妈对她不闻不问,甚至看到思思就觉得厌烦。少年时期的思思为了得到妈妈的关爱,不惜通过学坏来吸引母亲的注意,她旷课、打架、穿奇装异服等。但是妈妈并没有因此改变自己的态度,最终思思学会了吸毒,并因此断送了自己的性命。

实际上,孩子是上天送来的礼物,不管他来的时候发生了多么惊天动地的事情,那都是一个巧合而已,妈妈们因此而厌恶孩子是非常不理智的行为。思思的妈妈认为孩子是祸害,对她不闻不问,这是思思最后断送了自己年轻生命的根本原因。

第二种类型是由于子女较多,妈妈忽略了其中的一个或几个孩子。

梁红有两个孩子,女儿7岁,儿子4岁。为了这两个小家伙,她每天忙得不可开交。最近她发现了一个奇怪的现象,每次晚上要给正在上小学的姐姐辅导功课时,儿子就会跑过来捣乱。有时候妈妈不在家,这种情况也依然存在。姐姐要练习弹钢琴,弟弟就会跑过来在琴键上乱按一通。总之，无论姐姐做什么，弟弟都要搞破坏，一直妨碍姐姐的活动。梁红因此冲儿子发过火，也讲过道理，可是一点用都没有。梁红觉得很累，既不能耽误女儿的学业，还要安慰弟弟，真是分身乏术。

在多子女的家庭中，后出生的孩子为了得到妈妈的爱，会本能地做出努力。因此，稍小的孩子总是会表现出竞争性，会时刻准备着战胜老大。实际上，故事中弟弟是为了得到疼爱才表现出了那样的行为。当妈妈和姐姐坐在一起学习的瞬间，他天生的竞争意识被激发出来，所以他才非要凑过去把妈妈的注意力吸引到自己身上。此时，如果妈妈责备他或者让他自己去看电视，他就会觉得自己被妈妈抛弃了。这种情况下妈妈要做的是合理安排时间，保证和每个孩子相处的时间都充分而公平。

不过生活中老大欺负弟弟妹妹的事情也很常见，而且很多大孩子还会出现"退步现象"，比如明明可以自己吃饭了，忽然之间又做出了妈妈不喂就不吃或者抢弟弟的奶瓶来吃等行为，发生这种情况的原因也是担心妈妈从此只关注弟弟妹妹而不再爱自己了。多子女家庭的妈妈们要注意，在弟弟妹妹出生之后，要对老大更加上心，尤其是在孩子之间年龄差距不大的情况下，让老大时刻感到自己的弟弟妹妹并不会威胁到自己在爸爸妈妈心中的地位。

在多子女的家庭中，妈妈还要学会求得爸爸的帮助。受到妈妈"冷落"的孩子如果能从爸爸那里得到补偿的话，一般都不会出现大的问题。

最后一种"亲生后母"的类型是由于母亲沉迷于某事而置小孩于不顾,让小孩感受不到足够的母爱。

电视台曾报道过一起子女不愿意赡养老人的案件。事实上,这几个子女都是知识分子,每个人的家庭也都还算不错,但就是没有一个人愿意赡养老人。最后人们才知道原来是这位老人年轻的时候总是出入各种娱乐场所,不仅把家里的积蓄挥霍一空,而且对孩子们毫不关心,稍有不顺心就大打出手。现在他老了,几个子女宁愿出钱把他送到"敬老院",也不愿意赡养老人。

这个事例的确引人深思,世界上没有无缘无故的爱,也没有无缘无故的恨。年轻的时候不善待自己的孩子,没有尽到为人父母的责任,上了年纪之后,儿女又怎么可能心甘情愿地孝敬老人呢?

无论是哪种类型的"亲生后母"现象,对孩子的成长都会造成巨大的伤害。最亲密的人带来的伤害比陌生人带来的伤害更大,是孩子柔弱的肩膀不能承受的重量。所以妈妈们,如果你给了孩子生命,请也一定要给孩子无私的爱!

职场女性也能做个好妈妈

西西的妈妈是一个事业家庭都处理得特别好的现代女性。她在大公司的人力资源部门做主管,工作很是繁忙,但尽管这样,也没妨碍她把西西培养成一个开朗活泼、大方有礼的好孩子。

每当爸爸妈妈带着西西参加朋友聚会时，几家的小朋友一起玩耍，年纪不大的西西总是人缘儿最好的那个。小妹妹爱跟在她身后玩耍，因为西西姐姐能帮保护她不被胖林林欺负；康康他们几个小男孩也很乐意跟西西一起玩，因为她可不像别的女孩那样娇里娇气地动不动就哭鼻子。

朋友们为此时常向西西妈妈取经，询问职业女性应该如何做好妈妈。

据相关报道，中国"上班族妈妈"数量超过3.2亿。这一数据意味着每天有很多妈妈需要兼顾工作和家庭，在做好专业工作的同时，还不能忽略了孩子的身心健康成长。

一份朝九晚六的普通上班时刻表就会把许多认真工作，又牵挂孩子成长的妈妈弄得辛苦不堪。因为，这个时刻表意味着妈妈在早上孩子出门上学之前就要出门，在晚上孩子已经学了一天，玩了一会儿即将要入睡的时刻才能赶回家。这种生活节奏无疑会让妈妈错过很多与孩子的相处时光。

在一部根据畅销小说改编的美国动画片《鬼妈妈》中，一名十来岁的小女孩卡罗琳由于爸爸妈妈过于繁忙疏于照顾她，闲极无聊的她在家里转来转去，发现一扇奇怪的门，门后有着另一个和现实生活中一模一样的"家"，最吸引她的是，那儿有一个眼睛是纽扣缝制的"妈妈"，这个妈妈比现实生活中的妈妈还了解自己的喜怒哀乐，还能一直陪着自己玩耍，卡罗琳一度觉得这个有着纽扣眼睛的妈妈比现实生活中的妈妈还要好,如果这个"妈妈"不是坏女巫的话,她真想跟这个妈妈在一起……

虽然动画片仅仅是故事,但这也从另一个方面论证了发展心理学上的一个观点:父母需要在孩子幼年特别是 3 岁以前,与其建立良好的亲子关系。如果这种亲子关系没有建立好,将会影响孩子一生安全感的建立,影响孩子的社会适应能力、情商以及谋取个人幸福等能力的发展。

那么,对于职业女性而言,如何在工作之余做一个"好妈妈"呢?简而言之就是,用时间碎片拼接起幸福温暖亲子时光。

妈妈早晨起床前,花几分钟时间与孩子一起躺在床上,用孩子能懂的语言,聊聊天。

与孩子相处时肌肤亲密一番,比如轻轻刮刮孩子的小脸,挠挠他与他嬉戏片刻,这种亲密接触不仅能让孩子感受到妈妈的关爱,也能让妈妈一整天的好心情有个好的开始。

妈妈上班前,一定要跟孩子说再见道别,禁止偷偷"离开",不要小瞧孩子的接受能力,如果跟他说明白妈妈是去上班,晚上下班后还会回来,孩子就会理解接受正面的信息,如果一言不发就"不见了",会让孩子大为恐慌,以为妈妈不要自己或者不喜欢自己,大大影响他的心理健康。

白天上班午休之际,如方便,跟孩子打一通电话,用孩子能接受的语言和他聊聊天。下午下班后,尽量不要把工作带回家。工作应该在上班时间内处理妥当,下班后把工作带回家,对上班族妈妈来说，不仅效率大打折扣，还浪费和孩子相处的难得的"一整块"的亲子时光。

下班回家时，妈妈进门第一件事，要呼唤孩子的名字并抱抱孩子，如果孩子还没入睡，妈妈大可以利用吃晚饭、陪孩子游戏、给孩子洗澡、给他讲睡前故事等时间跟孩子互动一番；如果孩子入睡，那么妈妈只需轻轻拥抱着他陪他躺一会儿，孩子对妈妈的怀抱和气味有着天然的敏感度，即使他在熟睡，只要妈妈在身边，他就会觉得安全和温暖。这对亲子关系的建设大有帮助。

此外，妈妈还可以利用好节假日休息日的时间，带孩子外出游玩，与孩子一起准备假日大餐，做家务时分派给孩子简单安全的劳动任务等。总之，上班族妈妈只要能充分利用好各种"零碎"或"整块"的时间，也能做孩子的"好妈妈"。

第二章

幸福的家是父母送给孩子最好的礼物

幸福的家是送给孩子成长的最好礼物

有一对夫妻在接女儿放学回家途中,不知为什么就大吵起来,最后居然扬言要离婚。等争吵暂告一个段落,他们才意识到孩子还跟在后面。他们看到女儿拿着画板在画画,画面上有两个大人,他们表情愤怒,两个大人中间躺着一个小孩。

妈妈很好奇地问:"地上怎么会有个小孩,他怎么了?"

"死了!"孩子说。

"他怎么会死了呢?"爸爸问道。

女儿沉默了半晌,说:"因为爸爸妈妈吵架、分手……"

女儿的话深深震撼了他们。原来,女儿看见班级中所谓的"单亲儿童"总是神情忧郁、落落寡合,她害怕像他们一样。看来,父母吵架、分手后,他们的孩子就好像被抛于旷野,会一点一点死亡。

小女孩在无意间用一幅画泄露她的心声,也让父母及早警觉:孩子在成长中最需要的就是安定、安心、安全的环境与父母完整的爱。当着孩子的面父母不要吵架,家庭成员之间关系不能紧张,要相互信任和体贴,以免给孩子带来精神上的苦闷。

几乎所有的孩子都渴望自己的爸爸、妈妈能够相亲相爱，希望自己的家充满和睦、友爱、温暖的气氛。而许多父母却时常忽略孩子的这点心理与要求。

良好的家庭气氛是孩子成长的重要依托，家庭气氛是两种环境关系的产物，它包括家庭物质环境和家庭心理环境。家庭的物质环境依每个家庭富有程度的不同而不同，每个父母都会尽最大的努力来满足孩子的物质需要。但是很多父母却会忽视为孩子营造一个良好的家庭心理环境。而实际上，家庭心理环境对孩子的影响远远大过家庭物质环境，一个贫穷的家庭里只要有家人间关切的爱和温馨的环境，孩子就会在幸福的笑声中快乐成长，而一个冷漠严肃的家庭即使富可敌国，也买不到孩子的开心快乐。

父母要想把孩子培养成为心地善良、感觉敏锐和能力强的人，家庭日常生活应该是和谐的、欢乐的、充满爱心的，这是首要的条件。要知道夫妻间的互相尊重与爱护是良好的家庭教育的基础，而幸福的家庭是送给孩子成长的最好礼物。

安徒生小时候是在丹麦一个叫欧登塞的小镇上度过的。他家境贫困，父亲只是个穷鞋匠，母亲是个洗衣妇，祖母有时还要去讨饭来补贴生活。他们的周围住着很多地主和贵族，因为富有，这些人便觉得自己高人一等，他们讨厌穷人，不允许自己家的孩子与安徒生一块玩耍。安徒生的童年孤独而落寞。

父亲担心这样的环境会对安徒生的成长不利，但是他从来没在孩子面前流露出自己的这种焦虑，反而轻松地跟安徒生说：

"孩子,爸爸来陪你玩吧!"父亲陪儿子做各种游戏,闲暇时还讲《一千零一夜》等古代阿拉伯故事给他听。虽然童年没有玩伴,但有了父亲的陪伴,安徒生的内心世界也充满了阳光和快乐。

所以,温馨的家庭环境是孩子健康成长的保证,童年时代的安徒生生活在良好的家庭氛围中,才培养出了自己的童话细胞,以及一颗善良、充满幻想的"童话"之心。

由此可见,父母之间的恩爱,和睦的家庭氛围能够为孩子的身心成长注入生机与活力,增加孩子对生活的信心与勇气。如果孩子在一个紧张压抑的家庭氛围中成长,会逐渐变得忧心忡忡、缺乏热情、性格内向,而在良好的家庭氛围的影响下,孩子一定可以健康、茁壮地成长。

对于孩子来说,与变形金刚、自行车、芭比娃娃比起来,一个幸福的家庭才是父母送给他的最好的礼物。世界上没有什么事情比爸爸妈妈相亲相爱更令孩子开心,所以,为了孩子能够健康成长,请拒绝争吵,为他们创造一个温馨的家庭环境。

房间布置也能透出母爱

朵朵妈妈雇人把房子整体装修了一遍,一家人欢欢喜喜地享受着装修后的新房。可是不到半个月,妈妈发现了一个奇怪的问题，原本活泼开朗的朵朵忽然变得动作迟缓，眼神恍惚，而且总是和妈妈黏在一起，不敢待在自己的小屋里。妈妈很疑惑，就去请教心理医生。经过医生的一番询问，妈妈终于解开了女儿的秘密：原来是重新装修过的壁画惹的祸。那些抽象图案看起来跟动画片里的幽灵有点像，使女儿变得胆怯。第二天，朵朵妈妈就请人把墙壁涂上了可爱的花仙子图案。几天后，朵朵的状况得到了很大的改善。

孩子成长的一个重要标志，就是拥有自己的房间，离开父母单独睡觉。让孩子拥有自己的空间，对他的心理和人格的发展都有着积极的意义。当孩子拥有自己的房间后，他会对家产生更强烈的归属感，建立自我意识，了解自己的重要性，因此儿童房的布置对妈父母来说就显得格外重要。

但是家庭装修毕竟属于大额消费，伴随着孩子从婴儿、幼儿、小学到少年的成长阶段，儿童房不可能总是随着孩子成长而改变，所以这个时候，父母可以学会从家具和装饰的变化上来改变房间的格局，使房间的布置更适合孩子发展。

那么父母怎么做才能让孩子的房间常看常新，充满创意，并且让孩子住在自己的小空间里感觉到快乐和幸福呢？

除了实用性、安全性、启发性外，最重要的一点是要考虑到孩子的个性、喜好，让房间的布置尽量符合孩子心理的健康和成长的需要。

当孩子处在牙牙学语、蹒跚学步的婴幼儿时期时，多彩与安全是儿童房布置的重点。为了培养孩子的视觉和触觉，父母们可以在墙壁和天花板上挂上深色和浅色的花以及水果蔬菜之类的挂画，孩子的眼睛对色差较大的图案会产生很深的印象，他们会选择自己喜爱的图案与颜色。此外还可以在屋里无规则地摆放一些柔软的小玩具，激发他们的触摸欲望，锻炼孩子的灵活性。

心理学研究表明6岁以前是孩子创造力爆发的时期，如果这个时期孩子的生活空间过于呆板会扼杀孩子的创造力与想象力。所以这个时期儿童房的布置是无规律的，应该随着孩子兴趣爱好的改变而改变。父母可以把房间布置得五彩缤纷。孩子在多姿多彩的空间里既可以加深对外部世界的认识，又可以享受自由嬉戏的宽敞空间，使他们在玩乐中锻炼自己的想象力，发挥自己的创意。

此外这个阶段绝对不能忽视的重要因素是安全。因为小孩子天性好动，所以有棱角的家具和饰品难免成为一种潜在的"危险"，而且这个阶段的孩子喜欢用嘴去了解世界，细菌很容易跑到孩子的肚子里去。因此父母在布置房间时要注意：

1. 无锐角。防止家具以及房间中的饰品存在尖锐的边角，以防磕碰。

2. 结构简单，坚固耐用。五金部件要不易拆卸，防止孩子误食。

3. 无毒性。避免儿童误食或发生过敏现象。

4. 小零件必须坚固，如滑轨要保证抽屉不会脱落等。

上学以后的孩子，性格渐渐养成，也慢慢有了自己的需求。

这时候物品怎么摆放需要父母的指导和帮助。给孩子设计一些分门别类的储物空间不但可以节省房子的空间，还可以给孩子一个动手动脑的机会。一张孩子的图画作品或者一件手工折纸都可以成为孩子房间经典的装饰。而且这时孩子的房间多了一些电器，因此可以在书架上、窗台上摆上一两盆花草调节屋内空气。

另外父母此时一定要注意灯在房间中的作用。除了顶灯外，床头灯是必不可少的，这样孩子夜里起来可随手打开。床头灯的灯光不能太强，否则会造成孩子不安。房间整体色调要统一，无论装饰材料还是配饰挂件，最好是亮色。

这时候可以慢慢强调孩子的性别意识，男孩和女孩的房间布置肯定是不一样的。想要培养小绅士、小淑女，最好在他们进入学龄阶段后，就多多在他们的房间里面下功夫。男孩的房间可以有世界地图、地球仪、小科学设备等；女孩的房间则要有娃娃、人文书籍、漂亮的墙纸等。

此外，还要注意的是，在窗户边一定要设置护栏，而且采用圆弧收边；房间内尽量不要使用大面积的玻璃和镜子；选择尺寸比例缩小的家具，以及伸手可及的搁物架和茶几，这些能给他们带来控制一切的感觉，满足他们模仿成人世界的欲望。

当孩子自己动手改造房间的布局时，只要不是很危险的行为，父母不要大声斥责，因为这时你的孩子正在创作自己的作品，大声斥责只会阻碍他的创新。其实父母在设计孩子的房间时，多多听从孩子的想法也是很有必要的。

孩子的小小世界，体现了家人对他的尊重和爱，父母们多花一点时间在上面，会给孩子带来无穷的乐趣。

别让不良环境毁了孩子的未来

周某夫妻俩是典型的"麻将迷"，每到周末或者假期，他们都是一大早就出去打牌，到深更半夜才回家。而家里5岁的儿子总是被他们锁在屋内一个人看电视。去年春节，周某夫妻俩算是过足了麻将瘾，几乎每天都外出打麻将，而他们的儿子每天都被留在家里一个人吃方便面。到后来，他们打牌时竟然把儿子也给带上了，牌局一开始，他们就给孩子买来瓜子、水果、糖让他吃，以免孩子打扰到他们。但经过几天的熏陶，小家伙看得多了竟然也学会了，于是，当"三缺一"的时候，他们竟然让儿子来"上岗"顶替，听着别人对儿子的表扬，他们夫妻俩心里还挺高兴。可在寒假要过完的时候，他们发现儿子已经迷上了打麻将，每天都要哭闹着去打牌，而且扬言"不去上学了"。这下，周某夫妻俩才开始担忧了……

大年初五晚上，某电视台的一名记者接到了一名11岁小女孩的电话，她在电话里说："叔叔，我不希望爸爸打麻将，你有没有什么办法可以让爸爸不打麻将啊。昨天，爸爸又因为打麻将跟妈妈吵架了，妈妈一个人出去了，到现在也没有回来，我自己一个人在家,觉得害怕极了。"之后,小女孩告诉记者,她很喜欢画画,为了让爸爸不再去打麻将,她很努力地画画给爸爸看,但每次爸爸都以各种理由走开了。去年的时候,由于打麻将输了好多钱,妈妈还要和爸爸离婚,当时她害怕极了,她告诉记者:"叔叔,我很害怕,每次看到他们吵架,我都想不如自杀算了。我渴望有一个和睦的家,周末能和爸爸妈妈一起去郊游,但这似乎只能是我的梦想了。"

古人云:"与善人居,如入芝兰之室,久而不闻其香,即与之化矣;与不善人居,如入鲍鱼之肆,久而不闻其臭,亦与之化矣。"专家也说:"环境对人的影响十分重要,对有孩子的家庭来说,家长的爱好对子女的成长有着直接和间接的影响。"常言道,"近朱者赤,近墨者黑",孩子儿时最崇拜的人大多是自己的父母,加上孩子的判断力不强,很容易受父母的影响。如果父母有不良嗜好,势必会影响到孩子,让孩子也跟着学,从而养成不良的习性。因此,对于那些有不良嗜好,如打麻将、赌博的家长来说,当你们沉迷在牌桌上、赌局上的时候,一定要先想想自己的孩子。要想给孩子一个健康、快乐的童年和少年生活,让孩子快乐、积极向上地成长和学习,家长就应尽量避免不良环境对孩子的影响。

那么,影响孩子的不良环境一般都有哪些呢?

1. 父母离婚

离婚,对已经成人的父母来说,并不是一件很严重的事情。虽然离婚也会对双方造成心理创伤,但因为"志不同,道不合"

而离婚也算是一种解脱，且离婚后，双方还可以继续寻找新的幸福。但对孩子来说就不一样了。年幼的孩子刚刚懂了一点人情世故，还十分依赖父母，这个时候看到父母离婚，他的心理将会遭受很大的打击。此外，离婚之后孩子得到父母共同的关爱和照顾都要少一些，孩子的感情得不到满足，就很容易出现郁郁寡欢、自卑、情绪低沉、学习不积极等现象。

2. 父母的认识不一致

父母认识不一样，就很容易产生分歧，进而吵架。而且，父母认识不一致还会导致其对孩子的教育态度和观念不一致，孩子要同时接受两方面的观点，甚至还可能是完全相反的观点，这样势必会造成孩子认识的混乱，由此引发孩子的心理问题。

3. 不适当的娱乐行为

父母有不适当的娱乐行为，对孩子的影响是非常直接的。打牌、打麻将、赌博等，这些行为一方面会让孩子耳濡目染地染上恶习，另一方面就算孩子想专心学习，也很可能因为环境太吵而无法学习，由此引发情绪低落，心情烦躁，学习力下降等。

4. 拜金的心态

很多家长都喜欢用金钱或者一些物质刺激来让孩子完成既定的目标或者作为完成某件事的奖励。这样时间长了，在孩子心中，钱就是很重要的东西，甚至比家长的爱更重。这样的心理，对孩子的成长和生活都会有负面影响。

蕴于生活的身教更具说服力

有人去朋友家做客的时候，看到了这样的一幕：

孩子要喝水，就对奶奶说："我要喝冷开水，奶奶。"奶奶一边起身给他倒水，一边说："这么冷的天，喝什么冷开水，给你倒点热的吧！"不料孩子听了，竟大叫起来："不，我就要喝冷的。"奶奶不管他，只是从水壶里倒出热水，准备稍凉一点再给孩子喝。可孩子一把夺过杯子，把水倒掉了。奶奶再倒一杯水，孩子又把它倒掉……就这样，一老一少纠缠了半天。后来，孩子竟然像个小野兽一样冲奶奶大喊起来。当他爸爸走进来调停的时候，他竟然把爸爸也给吼了一顿。他爸爸苦笑着对我说："这孩子，经常这样大喊大叫，都拿他没办法。"

其实，不只是这个孩子喜欢大吼大叫，他爸爸也喜欢对别人吼叫，他曾经有一次因为教育孩子的问题而对孩子的奶奶"吼"过，这恐怕也是孩子会大吼大叫的一个原因。很多时候，一些成年人会对朋友或同事等外人一副好脾气，但对自己的亲人却脾气暴躁，可能他们觉得自己的亲人是不会跟自己计较的。但实际上，当成年人对他们的亲人发脾气的时候，他们的亲人也会难过，而且，成年人的这种行为会无形中影响到孩子，让孩子在潜移默化中也学会大人的坏脾气。

父母暴躁，孩子肯定也会暴躁，坏性格、坏习惯是会代代相传的。很多时候，我们会在孩子身上看到父母的影子，那些前脚对孩子讲不应该随意发脾气，后脚却忍不住跟另一半吵架的父母，给孩子留下的不是忠告，而是坏的行为。这样的行为，会让孩子比记忆一句话更印象深刻并乐于执行。虽然很多时候，父母的行为并不是自愿的，比如吵架就可能是情不自禁地，但一旦坏的行为发生，就会给孩子树立一个"坏榜样"，让孩子学着去做。

总之一句话：身教的影响远远超过言传。平常生活中，孩子和家人是亲密相处的，孩子会时刻受到大人潜移默化的影响，他们会吸收大人身上的一切，一言一行、一举一动甚至是内心的情绪，不管这些是好还是坏，他们都会全盘吸收，不加选择。

周末，祖孙两个去菜市场买菜，爷爷推着车子走，孙子坐在小推车上。从一辆摩托车旁边经过的时候，推车不小心撞倒了摩托车。爷爷迟疑了几秒钟后，就若无其事地继续朝前走了。这时，摩托车的主人发现自己的车子被撞倒了，很气愤，就跑过来讲理。可爷爷呢？他对着车主"义正词严"地讲述了一通大道理，把自己的责任推卸得一干二净，似乎这件事完全跟他没有关系。车主一看是个老人，而且还带着孩子，就没有多说什么，自己扶起了摩托车。

可以想象，下次当孩子撞倒别人的车的时候，他肯定也会学着爷爷的样子"耍赖"，不仅不扶起车子，还可能会骂人。大人是孩子心中的榜样，在孩子还没有形成自己的社会规范和道德规范时，大人的一言一行就是孩子学习的规范。孩子会有意识地模仿大人的行为，不管对错，统统吸纳。所以，如果你想让自己的孩子遵守秩序，拥有良好的道德情操，你就首先要要求自己严格遵守每一条应该遵守的秩序。要明白，孩子不会听我们怎么说，他们会看我们怎么做！你想让孩子好好读书，但却每天晚上在家里打麻将，那孩子是肯定读不好书的；你想让孩子别看电视去学习，自己却津津有味地看着电视，还开很大声，那么孩子也难以真正读进去书；你想让孩子讲礼貌，但自己却不断地抱怨自己的父母，且满嘴粗话，那么孩子很可能不仅不礼貌，而且还很暴力……总之，如果你想让孩子成为什么样的人，做出什么样的事情，你最好自己先保证自己做到，就算做不到，也要尽力去做，给孩子提供一个好的模仿对象。这样，孩子才会在你的身教影响下，拥有正确的、健康的道德观和社会规范意识。

向孩子保证：对他的爱永无终止

在幼儿园里，明明是个活泼好动的男孩子，脸上总是洋溢着笑容，而且对人也很有礼貌。但是上个月，他爸爸妈妈离婚了，他跟着妈妈一起生活。虽然，妈妈仍旧像以前一样照顾他，关怀他，甚至比以前更加经常地给他买玩具。但是明明却不开心。在幼儿园里，他总是一个人闷闷不乐地看着别人玩耍，脸上也没有了笑容,吃饭和做游戏的时候也没有精神,似乎丢了魂。幼儿园老师虽然理解父母离婚对明明的影响,但看到如此活泼的一个孩子竟然变成现在这样,也很心痛。于是,老师一有空就跟明明聊天,给他讲有趣的故事和笑话,希望能让他开心。但是明明却一直不见好转。好多天过去了,终于有一天,明明对老师说:"老师,我妈妈不爱我了!"老师听了很诧异,赶紧说:"怎么会呢?妈妈对你多好啊,怎么会不爱你呢?"明明的眼泪流下来了,他嗫嚅着说:"妈妈就是不爱我了,她和爸爸离婚了,他们都不爱我了,我没有家了!"

现实生活中,父母离婚对孩子的影响是非常大的,尤其是对还很小的孩子。这其中,"爸爸妈妈不爱我"的心理是占很大比例的。就算抚养孩子的爸爸或者妈妈依然对孩子关爱有加,孩子依然会觉得父母不爱他了。因为在他看来,一个完整的家是最温暖、最美好的,一旦家庭破裂了,就不完美了,无论父母是出于什么原因离婚,他都会产生不安全感。在家庭完好的时候,父母对孩子的爱是一个整体,但离婚后,就算父母依然给他同样的爱,这些爱却要分成两部分来给,这跟之前的家庭整体的爱是无法等价的,孩子当然不会接受。

孩子的认知和思维都还没有定型,在面对父母离婚的时候,他们往往不知所措,心中固有的关于家庭和父母的概念会发生动摇,对父母对自己的爱会有所怀疑。这个时候,父母能做的最重要的事情就是,明确地告诉孩子,我依然爱你,并且对你的爱永无终止。这样，孩子才会觉得安心，才会在内心获得一个明确的承诺，从而消除因父母离婚带来的爱的缺失感。

那么，告诉孩子永远爱他之后，父母该以怎样的行为来履行这一诺言呢？

1. 父母应尽量避免在孩子面前流露反常情绪和行为

离婚对夫妻双方来说是一件痛苦的事，会带来双方在情绪和行为上的变化。对孩子，尤其是年幼的孩子来说，由于他们具有很强的模仿性，加上在压抑的家庭中生活，会很快受父母影响，出现心理上的不正常变化。因此，无论孩子和离异后的哪一方生活，都不要在孩子面前说或做一些过激的事情，以免再次伤害孩子已然受伤的心灵，让他们更加压抑和消沉。父母应该做的，是让孩子正确地认识和理解父母的行为，并接纳这个现实，帮他们尽快走出家庭离异的阴影。

2. 帮孩子改善人际关系，矫正他的自卑等不良性格

父母离婚，会让孩子产生一系列心理问题，如自卑、不安等，这会直接影响孩子的人际关系。对此，家长最好能取得老师的帮助，让老师在获知父母离异之后，尽可能多地给予孩子更多的关心和爱护，把孩子的注意力调整到学习和学校的各项活动中，使孩子在家庭中缺失的关爱，在集体中得到补偿，让他们更快地走出父母离婚的阴影，健康成长。此外，老师还要消除其他同学对离异家庭孩子的歧视，并鼓励和教导孩子在逆境中成才，理解父母，发奋图强。

3. 尽量减少、避免社会不良刺激对孩子的影响

父母离婚对孩子的影响，还会增强孩子对外界刺激的敏感度，这既有可取的一面，又有不利的一面。父母和老师要利用可取的一面，尽力采用正常化的方法来引导孩子，鼓励他们参与各种活动，增进同学间的友谊，降低对父母离婚的回忆。

总之，只要为人父母者能从子女教育的角度出发，多花一些时间来开导、关爱孩子，并给孩子正确的解释和引导，告诉孩子"我会永远爱你"，那么孩子就会健康地度过父母离异的时期，开心、茁壮地成长。

归属感是孩子最早的安全感

建筑师要想修建一所结实的房屋，需要有又稳又深的地基。人的生命要想健康长久地成长，也需要有稳固的地基。小孩出生后，地基便开始"建筑"，在这里，生命的地基便是人的"安全感"。

安全感是一种人在社会生活中感到安心不害怕的感觉，当环境中可能出现对身体或者心理有危险甚至潜在危险的情况时，安全感能够使人预感到出现的环境变动，人在其中主要表现为确定感和可控感。

安全感是生命的地基，即心理健康的基础，孩子在满足了安全感的基础上才能带着稳定的心理去探索未知的广阔世界，追求

更高一层的需要，带着自信心去和小伙伴打交道，融入学校生活里，在小伙伴和学校里体会到自己的价值。相反，如果孩子有过度的不安全感，将会引发孩子的心理问题和疾病，导致精神障碍，甚至神经症。

当孩子从妈妈身体中分离出的那一刻起，脱离了妈妈身体的庇佑，孩子面对陌生的环境十分恐惧和不安。为了减少恐惧，孩子会在妈妈那寻找心理上的安全感和归属感。而这安全感和归属感会成为影响孩子身心健康的基础。变动可以引起孩子极大的无归属感和无安全感。

2009年，深圳市妇儿工委办联合市妇儿心理咨询中心对全市1500个8～17岁的流动儿童心理情况进行了抽样调查。调查结果显示，深圳市近六成流动儿童感到自卑、敏感、情绪不稳定，他们与人交往合作能力较差。其中，自卑是这些流动儿童心理问题的集中表现，近30%的流动儿童感受压抑、被歧视，认为城里人看不起他们。这些孩子大多性格内向，行为拘谨，自卑心理较重，自我保护、封闭意识过强，存在相对孤僻性，以至于不敢与人交往，不愿与人交往。占一半以上的流动儿童通常是与自己的老乡一起玩耍，因为熟悉和有伙伴，这些小孩更喜欢老家，而不是现在生活的地方。

流动儿童是伴随我国经济的快速发展，越来越多的农村剩余劳动力流入城市里而出现的现象。这些孩子出现的自卑、敏感、情绪不稳定等各种心理问题，都是由于流动问题导致他们没有家的归属感。孩子在幼年时期缺乏家的归属感在流动儿童中最为典型。父母们可以从这些流动儿童中看到归属感对小孩的人格发展的影响是多么重要。

所谓归属感，是指孩子觉得自己属于爸爸妈妈组建的家庭中的一员，属于学校班集体里的一员，属于伙伴们中的一员。在这一个个集体中，自己被集体中的其他成员接受、认可，在集体中是有价值的，必须存在的，不是可有可无的，能和集体有共同的感受。当孩子觉得自己被加入的群体接受时，会感到一种安全感和踏实感。

据有关研究发现，归属和爱的满足与生活满意度有很高的相关度。流动儿童因为生活的颠沛流离，有先天的生活条件不足的缺陷而得不到归属和爱的满足。美国著名心理学家马斯洛在1943年提出"需要层次理论"，他认为，"归属和爱的需要"是人的重要心理需要，只有满足了这一需要，人们才有可能"自我实现"。

研究人员给31名严重抑郁症患者和379个社区学院的学生寄出问卷，问卷内容主要集中在心理上的归属感、个人的社会关系网和社会活动范围、冲突感、寂寞感等问题上。调查发现，归属感是一个人可能经历抑郁症的最好预测剂。归属感低是一个人陷入抑郁的重要指标。

早在1998年夏天，美国心理学专家就断言：随着中国商业化进程的不断推进，心理疾病对自身生存和健康的威胁，将远远大于一直困扰中国人的生理疾病。上述表现概括起来就是思想上无所寄托,生活上丧失信心,对亲友无牵挂感。说到底就是归属感不强。

在孩子的安全感形成过程中,归属感是孩子最早的安全感。归属感和安全感从来都是相伴左右,有着密切的关系的。父母在孩子小的时候,给了孩子充足的归属感,孩子能够体会到父母的爱和家的温暖。孩子会对世界感觉到安全,认为这个世界是安全的、可靠的、善良的,并在此过程中建立对世界和对自己的基本信任。因此,父母要给予孩子充分的归属感,让孩子感受到安全,并在安全的环境下健康成长起来。

父亲与母亲合作,才能保证孩子最好的成长

说到影响孩子成长的话题,母亲总是被首先提及,因为似乎母亲对孩子成长的关注度更高,有的家庭甚至几乎是由母亲一人独自担负教养孩子的重任。爸爸这个称呼在孩子的心里到底是什么?是漂亮的房子、汽车或高档的玩具,还是情感和对孩子的了解?实际上,父亲的影响力不容小觑,著名心理学家格尔迪说:"父亲的出现是一种独特的存在,对培养孩子有一种特别的力量。"

弗洛姆曾这样评价父亲和母亲的不同作用:"母亲是我们的家,我们来自那里;母亲是大自然、是土地、是海洋,但父亲却

没有这些特征。在第一年他和孩子很少接触,这时他的重要性不能与母亲相提并论。然而,虽然父亲不代表自然界,却代表着人类存在的另一极,那就是思想的世界,科学技术的世界,法律和秩序的世界,风纪的世界,阅历和冒险的世界。父亲是孩子的导师之一,他指给孩子通向世界之路。"父亲不仅仅是家里的脊梁,是家里的经济支柱,还当之无愧是孩子成长中的重要人物。这从以下几个方面就可以体现出来:

1. 父亲是孩子游戏的重要伙伴,孩子需要在游戏中成长:家庭组织一次野餐,父亲常常会带着孩子上山采果、下河摸鱼。在孩子看来,唯有父亲能陪他完成这次冒险,并且在危难的时候帮助他。即使在家里,父亲也常常会用触觉、肢体运动的游戏把孩子举到肩上,来回旋转,或抛向天空。这些动作常有一定的危险性,但父亲的大手和力量可以让孩子感受到刺激与安全,孩子们总会快乐地"咯咯"笑。

在刚开始的20个月,父亲成为孩子的基本游戏伙伴,20个月的婴儿对父亲的游戏明显地感兴趣,反应积极。30个月以后,则成为主要的游戏伙伴。这时的婴儿能兴奋、激动、投入、亲近、合作而有兴致地和父亲一起游戏,他们会把父亲作为第一游戏伙伴来选择。

2. 父亲帮助孩子形成积极的个性品质,培养孩子的正面情绪:在现代社会,男性的独立、自主、坚强、果断、自信、与人合作、有进取心等更是富有创业精神的一代人积极学习的精神。父亲正是促进孩子形成积极个性的关键因素。理想的父亲通常具有独立、自信、自主、坚毅、勇敢、果断、坚强、敢于冒险、勇于克服困难、富有进取心、富有合作精神、热情、外向、开朗、大方、宽厚等个性特征。

孩子在与父亲的互动中，一方面接受影响，并且不知不觉地学习、模仿；另一方面，父亲也自觉、不自觉地要求孩子具有以上特征。如果孩子在5岁前失去父亲，对他的个性发展会非常不利。孩子年龄越小，影响越大。没有父亲的孩子缺少克服困难的勇气，具有较多的依赖性，缺乏自信、进取心，同时在控制冲动和道德品质发展上也有不利的影响。

3.父亲能提高孩子的社交技能，让孩子今后成为乐于协作的人：父亲是保持家庭与外部社会联系的"外交官"，对孩子社交需要的满足、社交技能的提高具有极其重要的作用。随着孩子渐渐长大，与外界交往的需要日益增多，父亲成为孩子重要的游戏伙伴，扩大了孩子的社交范围，丰富了孩子的社交内容，满足了孩子的社交需要。

同时，父亲和孩子的交往使孩子掌握更多、更丰富的社交经验，掌握更多、更成熟的社交技能。当孩子在和父亲的游戏中反应积极、活跃时，在和同伴的交往中也较受欢迎。因为父亲影响了他的交往态度，使他喜欢交往，在交往中更加积极、主动、自信、活跃。

4.父亲能使孩子性别角色正常发展，让男孩更坚强，让女孩更温柔：社会处处存在性别暗示，即使是给孩子的玩具，也会有"男孩的"与"女孩的"之分。在儿童性别角色发展中，不论是对男孩还是对女孩，父亲的作用似乎更大一些。这不得不归因于母亲与孩子的"亲密无间"。父亲与孩子的距离使孩子在与父亲的游戏中渐渐意识到自己的性别身份：父亲常常和男孩子打闹，称他为"男子汉""哥们儿"，却对女孩子非常温柔，抚摸她的小脸蛋，称她为"小公主"。

5. 父亲能促进孩子认知发展，提高孩子的智商和情商：由于父亲在性格、能力等方面的独特性，特别是父亲与孩子在交往上的独特性，使孩子从母亲和父亲处得到的认知上的收获是不完全相同的。从母亲那儿，孩子可以更多学到语言、日常生活知识、物体用途、玩具的一般使用方法；从父亲那儿，则可以学到更丰富、广阔的知识，比如认识自然、社会的知识，并通过操作、探索、花样繁多的活动、玩法，逐步培养动手操作能力、探索精神。孩子的想象力因此受到刺激、变得丰富，并愿意动脑，有创造意识，他的求知欲和好奇心也同步发展。

可以看到，孩子将来在社会生活中需要的知识、沟通技巧都受到父亲的影响，而且这种影响力是持久的、牢固的。没有父亲的孩子，常常感到不安、自卑，也不愿意与他人交流，生活在压力之中。正是父亲，为孩子的成长支起了一片天空，在他还没有能力经受风雨的时候，给他时间成长筋骨、养精蓄锐。

所以，对任何一个家庭来说，父亲的作用绝不可忽视，而且只有父亲与母亲合作，互相取长补短，才能保证孩子健康地成长。

第三章

和孩子一起玩，还孩子五颜六色的童年

幸福和快乐是童年最应该学的功课

　　5岁的坤坤是个活泼可爱的小男孩，他聪明好动，对什么东西都充满好奇。在公园里，他会追着蝴蝶跑啊跑，也会在草地上打滚撒野，还会一边给鱼儿喂食，一边跟它们说话……坤坤还喜欢在楼下院子里和小朋友玩游戏，搓泥巴、捉迷藏、过家家、荡秋千、坐滑梯等，每次他都玩得很尽兴，但是都要付出些代价，或是衣服脏了、书包破了，有时还会受点小伤。和其他小朋友不一样，坤坤带着这些代价回家不会招致爸爸妈妈的责骂，他们不会因为衣服脏了等问题责备坤坤的淘气，也不会因此禁止坤坤的玩耍，只要坤坤不影响完成功课、没有生命危险，爸爸妈妈就同意坤坤想玩什么玩什么，而且从不轻易阻止他。有这么开明的父母，坤坤玩得过瘾极了，同时成绩也一直名列前茅，老师同学都夸赞他聪明，怎么玩也不会影响成绩。其实，爸爸妈妈明白，让孩子有一个快乐的童年很重要，成绩再好也换不来孩子的幸福，所以，他们从不压制孩子的快乐而逼迫他学习，而坤坤在如此轻松快乐的氛围中成长，智力和体力都开发得很好，带给爸爸妈妈很多惊喜。

孩提时代，理应是一个充满梦想和快乐的时代。所以，作为父母，一个很重要的任务就是让孩子不断地感受幸福和快乐。

然而，很遗憾我们在现实生活中却常常看到这样的情景——孩子在楼下玩耍，妈妈在旁边使劲催促："好啦，疯玩什么，快点回去做作业。"晚上，看着孩子在灯下熬夜做作业的辛苦样子，爸爸就说："孩子，好样的，'吃得苦中苦，方为人上人'。"其实，这是一种非常不健康的心态。因为持这种心态的父母大多认为：童年是不重要的，快乐是不重要的，只有成功才是最重要的。其实他们错了，让孩子学业有成、事业成功并非家庭教育的最大目标。成功，并不等于幸福、快乐。排在成功前面，还有个更大的目标，那就是"让孩子感觉快乐"！这是家庭教育的最高境界，也是我们为人的最高境界。

教育家苏霍姆林斯基有一个含义深远的教育思想：把每个学生培养成幸福的人。他说，教学大纲、教科书规定了给予学生的各种知识，但是没有规定给予学生最重要的一样东西，这就是：幸福。作为关爱孩子的父母，要在家庭教育中弥补学校教育带来的不足，为孩子提供一个幸福的源泉，让每个孩子都拥有一个快乐的童年。

父母需要明白，最应该给予孩子的重要礼物就是"幸福"。那么，怎样才能让孩子感受到幸福呢？

让孩子有机会享受"不受限制"的快乐。在家里，父母辛辛苦苦好不容易把屋子收拾得干干净净的，而且周围的邻居又喜欢安静，所以孩子一旦开始玩耍、喊叫、跳跃，父母便会想办法制止，孩子只好越来越乖了。表面上，是父母管教有方，但由此带来的是，孩子的热情和活力在一点点丧失，孩子的心灵也感受到了压抑。想想看孩子毕竟是孩子，他们需要带着童真的想象力尽情地玩耍，需要有时间去打雪仗、看蚂蚁搬家——这些按照孩子自己的步伐去探索世界的活动，更能给他们带来真正的快乐。有些事情大人觉得没意思，孩子却很喜欢，而大人认为孩子会喜欢的东西，小孩得到了却并不高兴。有的父母给孩子买很贵的玩具，孩子却宁愿玩水、玩泥巴、捉迷藏、过家家。所以，父母不要总把自己的好恶强加给孩子，要让孩子做他们喜欢做的事情，这样他们才在快乐的玩耍中感受到幸福。

　　一个幸福的孩子还应该懂得调整心理状态。父母要使孩子明白，有些人一生快乐，其秘诀在于具有适应力很强的心理状态，这使他们很快地从失望中振作起来。在孩子受到挫折时，父母让他知道前途总是光明的，使他在恢复快乐心情的环境中寻找安慰，孩子的幸福感就会多一些。

　　另外，家庭生活的美满和谐，也是培养孩子感受幸福的一个主要因素。有关资料表明，在和睦家庭中成长起来的孩子，成年后能愉快生活、健康成长的，比在不幸家庭成长起来的孩子要幸福得多。

和孩子一起进入童话世界

童话故事中的真善美会滋养出纯洁美丽的花朵,所以,父母们记得给自己的小花浇灌一些童话养料,让他们更加优美地成长。同时,如果父母能和孩子一起接受童话的滋养的话,那你会成为孩子健康成长的最佳伙伴,不仅帮助孩子的成长,也有助于父母自己内心的洗涤和净化。不过,和孩子一起读童话,还要注意方式方法,才能取得比较好的效果。

下班回家了,看见女儿乖乖地坐在自己的房间里读刚给她买的童话书,妈妈很高兴。"来,让我们一起读这个故事吧!"于是,妈妈坐在女儿身边,开始听女儿抑扬顿挫地朗读《灰姑娘》这则故事。

"时间就要到了,我必须回家!"女儿模仿着灰姑娘的口气急切地说,她那投入的神情非常可爱,妈妈被她逗笑了。两人在一起度过了半小时的阅读时光,最后妈妈语重心长地对女儿说:"你也要像灰姑娘一样勤劳,将来才能收获美好的人生,知道吗?"然后,妈妈心满意足地离开了房间。

也许你会觉得这位妈妈的表现还不错,既陪了孩子阅读,又给孩子讲了深刻的道理,一举两得。但是,上面的这位妈妈在女儿模仿灰姑娘急切的口气时竟然笑了,这只能说明她并没能完全进入阅读的状态，没有和孩子一起体验那段感情，这就会让孩子感到妈妈没有和自己心领神会，所以难免会打断孩子的兴致。

此外，在故事的结尾，妈妈教育孩子要像故事中的主人公那样如何如何，这其实也是没必要的。故事就是故事，不用拿社会的道德指标衡量里面的角色，然后要求孩子也做到。孩子在读的时候已经体验到了各种情感，他们会在生活中模仿，妈妈的指点没有多大的效果，反而会扫孩子的兴。如果想和孩子交流读书心得，不如换成"灰姑娘以后会怎样呢"，这样的提问会激发孩子续写故事。

能够有意识地与孩子在一起读书很好，但父母阅读儿童读物时的心情，也是很重要的。与孩子一起阅读童话，就要全身心投入，和孩子一起进入童话的世界，暂时脱离成年人的角色，找回童年般的天真自在，认真体会孩子正在经历的感情。

所以，在和孩子一起读童话的时候，父母不妨从听众变为演说者，为孩子读一些故事，独生子女家庭可以找邻居"借"几个小听众，一方面给孩子创造一种故事会的感觉，另一方面也为孩子找交流的伙伴。父母读故事，会让孩子感到温馨，也会让自己更加集中注意力，投入到角色当中。

如果有时间，父母最好能和孩子分配角色，脱稿饰演故事中的角色，能做到这一点是最好的，饰演角色不仅挑战了孩子的注意力和记忆力，也培养了孩子的合作精神和表演才华，因为剧情需要，孩子还可以为人物添加一些台词，这和诗人创作诗歌是同样性质的。孩子在与父母的互动中开发了大脑，还增加了与父母的亲近之情，而父母如果真的释放出心中的小孩来全身心投入，美好的童话也会滋养父母的心，让其或疲倦或复杂的心灵得到一些休息和解脱。同时，家庭的氛围也将在这种戏剧的互动中变得更加融洽。

没有异想天开的童年不完整

莱特兄弟是著名的"飞机之父"。他们还是小孩子的时候，就对宇宙空间产生了浓厚的兴趣。每当看到天空中悬挂着的圆圆的月亮，他们总是忍不住想伸出手去摸一摸。于是，兄弟俩经常爬到树上，踮起脚尖去摸月亮，结果好几次从树上摔下来，他们有点灰心了。

但是莱特兄弟的父亲知道这件事后，鼓励他们说："孩子，站在树上够不着月亮，那就骑一只大鸟，去摸摸月亮吧！"父亲的话给了他们莫大的鼓舞，他们对太空的探索欲望和兴趣更加浓厚了。"腾空摘月"的理想自此在他们幼小的心灵里扎根了。他们渴望着有一天能制造出一种可以在天空中翱翔的"神鸟"，骑着它去摘那又大又圆的月亮。

正是父亲的鼓励和自己的浓厚兴趣引导着他们走向了航空科学的道路。1903 年，在他们的刻苦钻研下，人类历史上的第一架飞机终于研制成功了，他们真的完成了自己心愿，驾着自己制造的"大鸟"在天空中纵横驰骋。

有多大的想象力，才有可能有多大的成就。人类没有幻想是不行的。没有幻想，莱特兄弟就不会发明飞机，阿姆斯特朗就不可能登上月球，牛顿就不能发现地心引力。但是，在如今的中国，还是有很多父母习惯于把"异想天开"当成贬义词，总是把孩子的想象当成是胡思乱想，对孩子的想象进行否定和压制。

北京、上海、安徽、云南等8个省市的2855名中小学生参加了《知心姐姐》杂志的一次问卷调查。调查的题目是"今后你最想做什么？"最后的结果竟然是：有92.71%的中小学生梦想是上一个好大学，找一份好工作，仅有7.29%的孩子梦想"飞越万里长空，研究奇形怪状的生物、宇宙、外星人，周游世界，到别的星球去工作……"

通过这次调查，人们惊愕地发现中国孩子的答案总是千篇一律，仿佛没有个人喜好，只是给出一个符合成人价值观的标准答案。相比之下，在国外的类似调查中，外国孩子的思维要活跃得多，想象力也更丰富一些。那么，中国孩子的想象力哪去了？他们的想象力是怎么消失的呢？

某电视台的工作人员曾经搞过一次别开生面的智力测验。他们用粉笔在黑板上画了一个圆圈儿，让被试者回答这是什么。问到机关干部，他们一个个面面相觑，都用求救的眼光看着自己的上级。局长沉默了很久，气呼呼地说："没经过研究，我怎么能随便解答你们的问题呢？"当问到大学中文系的学生时，他们哄堂大笑，纷纷表示拒绝回答这个只有傻瓜才会回答的问题。问到初中学生时，一个尖子生很快举手回答说"是零"；一个调皮的学生则大喊着"是英文字母O"，但是却遭到班主任的白眼。最后接受测验的是一批小学一年级的孩子们，他们争先恐后地回答："是月亮""是乒乓球""是烧饼""是爸爸唱歌时的嘴巴""是妈妈生气时的眼睛"……

这期节目的名字很贴切，叫"人的想象力是怎样丧失的？"从这个试验我们可以清楚地看到，随着人们年龄的增长，人的想象力就变得越来越苍白。在西方国家，学校老师在教育孩子时，总是想方设法地让他们发挥自己的想象力和创造力；而我国的教育则更多地要求学生循规蹈矩，死记硬背"标准答案"，孩子的奇思妙想就在担心被老师或父母斥责的恐惧中逐渐消失了。

是家庭和学校的教育让孩子的想象力丢失了，成人好像永远都不明白，正是有了孩子不切实际的奇思妙想，那些看起来异想天开的想法才有变为实际的可能。孩子本来是应该充满童真童趣、富于幻想的，对于他们来说，今后想做的或喜欢做的事情应该有很多很多。对于一个充满想象力的孩子，父母们永远都不可能清楚地预见到他会通过什么样的方式、什么样的途径去实现未来的人生价值，去获取属于他的成功。所以父母不要限制孩子的想象力，因为限制想象力就相当于给孩子的人生划定了一个范围，这就限制了孩子的人生，毁掉了无数的可能性。父母们更要把孩子的年龄时刻记在心上，不要让所有原本应该属于孩子的激情和幻想消失殆尽，逼得他们没有享受过童年的快乐，就一下子从一个不谙世事的小婴儿变成一个要考虑工作与生存的"小大人"。

黎巴嫩的著名诗人纪伯伦曾经说过："我宁可做人类中有梦想和有完成梦想愿望的、最渺小的人，也不愿做一个最伟大的无梦想、无愿望的人。"所以，父母们要做的只有一件事，那就是呵护孩子的想象力，支持孩子的梦想，鼓励孩子做"孩子气"的事，让他在自己愿意为之奉献的异想天开的梦想中实现自己的价值，创造出一个个"不切实际"的奇迹！

多彩的河流是孩子想象力的表现

1899年，德国心理学家缪勒和舒曼提出来了"定式理论"，思维定式或称心理定式是其中的一种。它指的是人由先前的心理活动和实践经验所形成的准备状态，决定着人后继心理活动的趋势，表现为在解决问题过程中做特定方式的加工准备。它会令人以比较固定的思维模式对外物进行感知，即按一种固定的思路去考虑问题。

在孩子学习过程中，他们经常会由于受先前做题经验的影响，去套用某些公式或者某些方法，结果或者没有新意，或者没有用最巧妙的方法解决问题。只有打破这种思维定式，才会有创造的活泉涌出。在孩子进行系统学习以前，他们的想象力和创造力是惊人的，这依靠的是直觉思维和灵感，主要体现在好奇心强，喜欢提出问题，善于大胆想象和幻想上。

这是一个德国普通学校的课堂，小学二年级的孩子们正在上艺术课。

老师并没有像我们想象的那样，给孩子一个物体，让孩子简单地去临摹，而是先给孩子们创设了一种情境：一个小朋友搬到了一所新房子里，房子是用砖头砌成的，阳光射进屋子里面，房子的周围有一些小花，一条小河从房子的后面流过。给了这几个条件以后，老师要求学生们根据自己的想象把新家画下来。

于是，有的孩子在新家的前面添加了停车场，画上了汽车；也有的孩子给新家画上了草坪，画上了小猫小狗；还有的孩子在屋顶画了栖息的小鸟。老师并没有埋怨孩子们瞎画，而是表扬了孩子们的创造精神。

孩子是最富有想象力的群体，他们的思维天马行空，往往不受传统的束缚和制约。可以说，他们的思维是大胆的、自由的和富有创造性的。所以，父母真的应该抓住时机，创设条件，鼓励孩子大胆想象，培养起孩子的创新意识和创新精神，不要用成年人的定式思维捆绑他们。

6岁半的火火骄傲地把刚画好的彩笔画拿给妈妈看，画上有一所房子、一棵树、一片草坪、一条蜿蜒的河流和一个可爱的孩子，但颜色涂得却像个大花脸，房子被涂成了蓝色和棕色、树干成了红色、河流变成了粉色，画里的小孩更是五颜六色……

火火妈拼命憋住笑，问儿子："为什么小河是粉色的呢？"

"为什么小河不能是粉色的呢？"小家伙的反问让火火妈猛然一惊，在孩子的世界里，没有什么是不可能的！想到这，火火妈便鼓励道："画得挺好的，明天就交这个吧！"

过了没几天，小家伙骄傲地告诉妈妈，自己的画得了 100 分，还被美术老师贴到后面的黑板上做展览。

当孩子进入学校接受正规教育后，心理会出现巨大变化，创造力和想象力发展也进入一个实质性发展阶段。心理学研究表明，小学生创造力和想象力呈持续发展趋势，但并非直线上升，而是波浪式前进。心理学家托兰斯认为，小学生的创造力和想象力发展会出现三次相对下降现象。第一次在 6 岁入学后，这与教师权威及学校规定有着一定关系；第二次在 9 岁左右，学生在与同学交往中，不可避免地要受到同学行为等方面的认同；第三次大约在 12 岁，孩子开始进入青春期，这时他们为取悦异性会不断修正自己的行为和观念。

因此，在孩子没有被定式思维限制住以前，父母要特别注意保护孩子的想象力。例如，父母尽量要对孩子的提问努力表现出很有兴趣的样子，与孩子一起去思考，鼓励孩子打破砂锅问到底，凡事多问几个为什么。要倾听孩子有意义的"瞎说"，允许孩子有所谓稀奇古怪的想法。在面对孩子的想象力行为时，要有耐心、会包容、会赞美，以鼓励孩子多看、多听、多触摸、多操作、多探索；尊重他的意见及好奇心，不要阻止孩子探索性的行为活动。此外，父母还不妨多利用一些开放性的问题让孩子展开丰富的想象。鼓励孩子尝试各种新经验，让孩子自由从事自己喜欢的活动，与人分享及展示孩子创造的成果，让孩子感受到其中的乐趣。

多一些惊喜，孩子更乐观

对于平淡无奇、简单重复、节奏相同的生活，大人都容易产生懈怠的情绪，何况是孩子。人一旦懈怠下来，惰性就生出来了。特别是孩子，如此下去，很多的创造力、想象力就会在不知不觉中被扼制。因此，我们认为，在日常的生活中，常常有意识地给孩子制造一些惊喜，不仅可以让孩子充满了新鲜感和期盼感，还能给孩子一个乐观的好性格。

有一年圣诞节以前，4岁半的丁丁问妈妈："妈妈，你说有圣诞老爷爷吗？""你说呢？""我说呀，肯定有的，因为我在书上看到过！"

看着丁丁认真的样子，丁丁妈便同意了他的说法，并问他说："丁丁，你说圣诞老爷爷会给你送礼物吗？""会的呀，我有圣诞袜呀！"说完，丁丁就把圣诞袜挂在了床头上，然后乖乖地睡觉去了。

等到丁丁睡熟了，丁丁妈便悄悄把早买好的他心仪的玩具放在圣诞袜里。第二天一早,丁丁醒的第一件事是看圣诞袜,"妈妈妈妈,快来看!我收到圣诞礼物了,圣诞老爷爷来过我家了!"丁丁高兴地跳起来了,手舞足蹈。看到孩子开心的样子,丁丁妈也特别开心。

偶尔出现的惊喜在让孩子收获快乐的同时,也让孩子和家人的关系更亲密。可能有的父母会担心,总是给孩子所谓的"惊喜",会不会太惯着孩子了呢?其实大可不必有这样的担心。给孩子小惊喜,不一定是孩子提出要求的东西,更不一定是孩子吵闹着要大人非给他不可的东西。这种小小的惊喜,可以是孩子喜欢的东西,可以是一次全家一起的旅行,也可以是一场电影、木偶剧。只要父母能将惊喜拿捏得当,时不时地给孩子一些他喜欢的、有兴趣的东西,满足他的一些小小愿望,孩子就会特别满足,而且也不会变本加厉地向大人索要东西。换句话说,善于为孩子制造惊喜的父母,得到的多会是一个聪明乖巧、乐观开朗、机灵懂事的孩子。

"妈妈,你给我带什么回来了?"群群的妈妈每次一回家,群群总会屁颠屁颠地迎上来,眼中满是期望。有的时候,群群妈会故意紧握着包,不让群群一下就拿到,卖个关子让儿子猜猜包里有什么。只要看到妈妈从包里拿出来他喜欢的零食或者心仪已久的玩具,群群的那股高兴劲儿就甭提了。群群的妈妈总是喜欢给儿子一点小小的惊喜,比如零食、玩具、画报等,而群群也非常容易知足,不贪婪,很少出现"吃着碗里看着锅里"的情形,也从来没有为了要某一个东西而赖着大哭大闹满地打滚的情况。

即便是给孩子买了一件小东西，父母也不妨先给孩子卖个关子，让孩子猜一猜自己会得到一件什么东西，以提高孩子的兴趣。而在这个过程中，父母也可以了解孩子需要什么，希望得到什么。

给孩子制造一些小惊喜，会令孩子感到快乐。长期在快乐氛围下长大的孩子，性格必然会比平淡无奇环境下长大的孩子更乐观，当面对挫折时，也能采取更积极的态度，发挥主动性去解决问题、战胜困难。此外，孩子在感受到惊喜的背后，更多的是感受到来自父母的浓浓的关爱，这会令孩子充满安全感，充满被爱的感觉，而这无疑会对孩子心理的健康发展有着无可替代的作用。

和孩子一起选择游戏、玩游戏

王奶奶最近特别心烦，为什么呢？原来是自己的孙子星星迷上了电脑游戏。"不给打开电脑就闷闷不乐，一打开电脑就上蹿下跳的，好像打了兴奋剂一样。而且我们老了看不懂，什么下载啦，搜索啦，都不懂，我真是不知道怎么去教育他了。星星的爸爸妈妈也整天因为这个和星星闹得不可开交，这一家三口真是不让人省心。"为了这件事，王奶奶最近总是愁眉不展的，连平时最喜欢去的舞蹈队都不愿意去了。

与王奶奶家形成对比的是陈先生的一家三口。每到周六的下午，陈先生的家里总是传来一家人兴奋的声音，"爸爸爸爸，快点快点啊！""儿子加油！"原来，这天是固定的家庭游戏日，陈先生和儿子约定，每周六一家三口都要拿出来2小时来一起玩电脑游戏，但是时间一到就必须马上停止。每次的游戏也是各不相同，这总是让孩子感到很新鲜！陈先生的儿子经常骄傲地对同学们说："我爸爸妈妈周六的时候都跟我一块玩游戏呢！我还经常能打败他们呢！"那些小朋友听了都羡慕不已。

其实陈先生家那些新鲜的游戏都是陈先生精心挑选出来的，他想与其与孩子作对，最终把孩子逼到网吧或者其他场所，还不如让孩子跟着自己玩呢！

其实，陈先生的这种做法是很值得提倡的！电脑游戏现在已经成了我们生活中不可或缺的娱乐方式之一，正在不知不觉中丰富着我们的生活，它也不可避免地成为孩子闲暇时候的一种放松方式，假期的时候更是如此。

父母首先要明确的一点是：爱玩是孩子的天性，而电脑游戏也只是游戏的一种，它本身并没有错误。其次是电脑在未来的社会生活中已经是一件必需品了，而富于探索精神是孩子的特点，他们很容易通过一些简单的电脑游戏来掌握电脑使用中的一些规律。保证孩子不沉湎于游戏以及保证孩子不会被暴力、色情游戏毒害才是父母要做的工作，因此选择和限制就显得更加关键。

那么，面对市场上的种类繁多、类型各异的游戏，父母应该怎样进行选择呢？

1. 最好选择单机游戏

目前的游戏主要分为两种：网络游戏和单机游戏。因为网络游戏永远没有结局，孩子就要把自己的精力和时间无休止地投入进去，这样时间久了，必然会影响孩子的生活和学习。另外，网络游戏中诱惑很多，很容易让孩子沉溺其中。

而单机游戏不仅可以让孩子享受愉悦和快乐，还可以调动孩子的情绪和创新思维。现在有很多优秀的单机游戏，还可以让孩子在其中学到很多知识。另外，玩单机游戏可以自由安排时间，不会耽误孩子正常的学习和生活。

2. 最好选择知名公司的正版佳作

现在的游戏厂商鱼龙混杂，质量良莠不齐，重视游戏的质量是对孩子的负责。家长们在选择游戏的时候最好选择知名品牌，因为一般在游戏市场上有一定知名度的公司，他们的游戏从质量到内容都是能够得到保证的。

3. 家长要根据孩子的特点有针对性地选择

让孩子接触一些小型益智类游戏是可以的，但是一定不要让孩子玩成人的大型游戏，因为这类游戏很容易上瘾也会让孩子们产生攀比心理，如果孩子的自控能力较差，很容易沉迷于电脑游戏之中。

另外，家长也要根据自家孩子的兴趣来选择游戏，如果孩子喜欢运动，可以选择一些体育类的游戏，比如有关足球或者篮球的游戏；如果孩子喜欢电影或者冒险类的游戏，那么可以给孩子选择一些根据电影改编的游戏；如果孩子对历史感兴趣，也可以选择一些以中国古代历史为背景设计的游戏。当然女孩可能不喜欢这些游戏，那么也可以根据女孩子的特点选择一些换装或者模拟人生等游戏。

4. 要选择难易适度的游戏

父母要根据孩子的年龄选择难易适度的游戏，多选一些寓教于乐、开发孩子智力的游戏。不要超出孩子的能力过多以致打击孩子的自信心。

最后，为了能够培养孩子对待游戏的正确态度，父母不仅要为孩子选择合适的游戏，还应该成为游戏的参与者和引导者。只有这样才能控制孩子玩游戏的过程，分享他们的快乐，帮助孩子建立正确的游戏观。

别将自己的梦想变成孩子童年的重负

青青的妈妈从小就很羡慕别人会弹钢琴，她的梦想就是当一个钢琴家，但因为家里条件不好，她没能如愿以偿。所以，她把这个愿望寄托在下一代身上。在女儿青青还没出世前，她就帮孩子买好了钢琴，一定要让孩子学会弹钢琴，弥补自己的遗憾。所以，青青从3岁就开始学习钢琴，每天放学后妈妈都会接她到钢琴教室学习2小时，周末的时候，经常整天都是在练习钢琴，这样下来，青青基本没有多少休息时间,她不能和小朋友一起玩,也不能看动画片。长期的重负压得她透不过气来,她反抗过很多次,经常装肚子痛,扯着嗓子对妈妈大喊不喜欢钢琴,或者故意乱弹钢琴,这些反抗都没用,最后她只好默默承受了,但是,她的性格却越发内向和软弱起来。青青一边应付着妈妈的要求练琴,一边内心充满疲倦和不满,她的钢琴水平少有进展。最终,妈妈的钢琴家梦想还是没能实现,孩子反而从心里对钢琴产生疲倦和厌恶。

有些人如果自己追求不到某样东西,满足不了内心的欲望,他们就不再去追求原来的目标了,而是试图用替身来代替自己去追求,假借它去造成一种"实现梦想"的假象,以满足自己的欲望。这种心理便叫作"代偿心理"。

上述事例中青青的妈妈就是有"代偿心理"的父母,是一个为了弥补自己的遗憾而牺牲了孩子自由选择权利的父母。生活中,这样的父母不是少数,他们把自己未能实现的梦想强加到孩子身上,使他们的童年因为背负了大人给的重负而丧失很多快乐和轻松。

这种"代偿心理"没有尊重孩子的独立想法,父母把压力转嫁给孩子,让孩子按照自己设计的路线去发展,无疑会给他们带来很大的压力。如果父母总是不断地闯入孩子的生活中,去打扰孩子,并且不和他们商量就操纵他们的生活,这从根本上说,是对孩子的不尊重。得不到父母尊重的孩子,会觉得自己的活动没有任何意义和价值,感到自己软弱无能,这种感觉会慢慢变成沮丧和缺乏信心，进而压抑孩子行动的欲望。这会影响到孩子的学习，因为他们总是抱着"为父母而学习"的心态，最终丧失对学习的兴趣。父母的这种心理还会使孩子形成"外在的评价系统"，在成长的过程中，过于在乎家长、老师、朋友的评价，活在别人的世界里，忽略真实的自己。

父母对孩子有期待是没有错的，错就错在不懂得抛弃那些试图控制孩子的欲望。一个合格的父母应该懂得包容孩子，应该懂得放低自己，做孩子坚实的后盾。这样的父母在教育上其实并不会花费多少心力，他们不必牺牲自己，也能教出出色的孩子。如果父母发现自己被"代偿心理"蒙蔽了双眼，那么就请回想自己的童年和少年时代，比如，"小时候，我也讨厌妈妈把她的想法强加给我。我不喜欢爸爸给我压力。"在这种回忆中，寻找教育的捷径。

父母要克服这种心理，就必须建立这样的意识：因为自己的愿望而置孩子自身的需要于不顾，这是父母自私的一种表现。父母虽然对孩子的一切负有责任，并不表示父母有权利指挥孩子。尊重孩子，也是你做父母的权利。如果在孩子反对时仍坚持成人的立场，完全无视孩子的权利，这必然会导致与孩子之间的矛盾。父母要适时给孩子一些成长的空间，让他有自己的兴趣、爱好和梦想，而不是以你的梦想为梦想，记住：他不是另一个你。

第四章

再忙也要留下和孩子对话的时间

80/20：对话黄金法则

在夫妻相处的时候，我们经常会发现，当女性需要倾诉的时候，她选择的对象往往不是与自己朝夕相处的丈夫，而是自己的"闺密"。产生这个问题的原因是男女之间对话的目的不同。男性通常是为了解决问题而对话，在没有找到合适的解决办法之前，他们不会轻易开口；但是女性不同，她们是为了表达自己当前的感受才说话的，希望得到的是谈话对象在感情上的认同。

比如妻子对丈夫说："我今天心情不太好……"丈夫第一个反应一定是："怎么了？需要我帮你做点什么吗？"其实这时候妻子只是需要丈夫安慰自己一下，但是丈夫的反应显然不是自己需要的，所以妻子就会重复这些话，丈夫最终会忍无可忍："你到底要我怎么办？"于是矛盾就产生了，因为丈夫的脑子里想的始终是"我必须提出一个解决方案"。

这种现象也会发生在孩子与父母之间的对话中。有时候孩子只是想表达一下自己的情绪，但是父母却误以为孩子在向自己咨询"解决问题的方法"。

上三年级的小敏就说过这样一件事：

"有一个周末,我正坐在家里看电视,忽然之间感到很无聊,于是就伸了个懒腰说:'啊!好无聊啊!'没想到这时候本来在做饭的妈妈冲了出来,对我说:'无聊就出去玩玩!要不就去看看书吧!作业做完了没有啊,没做完作业的话哪有时间无聊?'我当时听了特别生气,我的感觉糟糕透了!我只不过说了一句话,只是想关了电视去找点别的事情做,没想到就被妈妈劈头盖脸地批评了一番!我以后再也不跟妈妈说这些了!"

其实这时候的小敏就像是夫妻关系中的妻子一样,她只是想表达自己的感受,并期望得到妈妈的认同,她并不需要妈妈的主意或批评。

父母与孩子沟通时的对话可以分为两类,一类是"试图理解孩子情绪的对话",另一类是"传递价值的对话"。所谓"试图理解孩子情绪的对话",就是从孩子的角度出发,用孩子的眼光看世界。当小敏说"无聊"的时候,如果妈妈这样说"你是因为没有人陪你玩才无聊的吗"或者"是不是电视节目太无聊了",这样就不会引起孩子的反感。因为孩子通过这些对话清楚地感受到了父母为了理解自己所做出的努力。这样说完之后,不管父母再提出什么样的建议,孩子都会努力去接受或者尝试,因为他知道这个建议是爸爸妈妈站在自己的角度提出来的。

而"传递价值的对话"是从父母的角度出发,把想法单方面传递给孩子的对话,它是为了达到教育孩子的目的而发起的对话。指出孩子的错误行为,并且向正确方向引导孩子的对话都是典型的"传递价值的对话",比如"你一定要认真听讲""回家之后必须先完成作业",等等。

看到这里,有些家长可能会想,既然孩子不喜欢"传递价值的对话",那我们就只进行"试图理解孩子情绪的对话"好了。这种想法是不正确的,因为亲子之间的相处毕竟不是夫妻间的相处,孩子的世界观和价值观尚未形成,如果这时候只是单纯地进行"试图理解孩子情绪的对话",孩子很容易误入歧途。

"试图理解孩子情绪的对话"和"传递价值的对话"不能独立存在。父母在与孩子对话的时候,一方面要关注孩子的心情,另一方面也要把正确的价值观传递给孩子。现实生活更多的父母倾向于只传递价值观,他们认为,这些才是真正为了孩子的将来好,其他的都是次要的。如果父母只关注"传递价值的对话",孩子就会不自觉地对父母的话产生抵触情绪,因为在"传递价值的对话"中,父母难免会批评和指责孩子,孩子的自信心就会受到打击,时间长了,他就会逐渐远离不承认自己能力的父母。所以,"试图理解孩子情绪的对话"和"传递价值的对话"必须取得平衡,那么这两种对话如何才能平衡呢?

这就需要父母掌握和孩子对话的技巧,那就是著名的80/20法则。80/20法则原本是经济学中的一个公式,意思是说如果抓住了事情的关键,那么只要付出20%的努力,就可以取得80%的成效。因此在与孩子的十句对话中,至少有八句应该是关心、理解和赞同孩子情绪的对话,而剩下的两句可以是传递父母价值观的对话，这样孩子就能自然地接受父母的教育而不会产生逆反心理。

做孩子最忠实的倾听者

自从儿子上了学，陈琪觉得儿子简直变成了一个"唠叨婆"。每天在回家的路上，儿子总是叽叽喳喳地说个没完：今天上了哪些课，都是哪些老师，老师批评了哪个同学，自己和谁闹了矛盾，等等。陈琪总是很不耐烦，觉得儿子说的这些事情没有一件是值得听的。

与陈琪的解决方法不同，张先生则总是耐心地倾听女儿的每一句话，偶尔插上一两句话，发表一下自己的看法。从学校到家里的这段路，张先生总是故意把车开得特别慢，以便能够倾听女儿的话。通过这样的倾听，他对女儿每天在学校的情况都会有个大概了解，如果孩子有什么思想上的问题也能及时解决。

一位著名的心理学家认为，父母让孩子通过语言把所有的感情都表达出来，不管是积极的还是消极的，都是对孩子最大的保护。从孩子的角度来看，他们总是希望父母能与他们分享生活中的一切，不管是快乐还是悲伤，而父母却往往只喜欢听孩子传喜讯。如果孩子考试取得了好成绩，得到了老师的表扬，父母听到后就会很开心；而当孩子对父母说一些学校里发生的趣事或者完全与自己没有关系的同学的事情,父母就会很不耐烦:"好了好了,妈妈很忙。不要再啰唆了!""好烦啊,一边玩去!"

长此以往,孩子就会对父母失望,并且将这种坏心情埋在心里。当消极情绪始终找不到发泄和化解的渠道时,它就会不断积累,等到一定程度就可能突然爆发,变成一种对抗情绪。这种对抗情绪会很严重地损害家庭关系。

其实,不管是大人还是孩子,只有感觉到对方真诚地想要了解自己的生活并且认真倾听自己的想法时,才能听得进对方的话。所以父母如果想要在教育孩子的时候更有说服力,首先要确定自己是不是了解了孩子的真实想法。而要想真正了解孩子的内心和思想,就要认真倾听孩子的话,确定自己没有误解孩子的想法。

父母在倾听孩子的话时,首先要做的就是耐心听孩子说话。耐心听孩子讲话,不仅是对孩子的尊重,而且是一种积极的倾听。这种倾听并不是指默默地在一边,单纯地听对方说话,而是要以平等的姿态去用心倾听对方的话,而不是随便敷衍一番。倾听者要暂时把自己的评判标准放在一边,不管你对对方的语言或行为持赞成还是批判态度,都要无条件地接纳对方。积极倾听更多的是关注对方的心理,而不是话语。积极的倾听不仅要感同身受地去体会对方的心情,还要引导对方抒发情绪,宣泄那些不满、愤懑、悲伤、快乐、喜悦……

父母大多数在生活上非常关心孩子,但是在真正平等地对待孩子方面做得往往很不够。孩子在向父母诉说时,经常会被打断,甚至还有可能遭到指责。在这种情况下孩子只能把话咽回去。还有的时候，父母只是机械地听孩子说话，却没有认真体会孩子倾诉时的情绪。这种情况下，孩子的想法往往得不到父母的重视，他们也会渐渐地把自己的秘密埋藏在心里，做父母的就很难再去了解孩子的所思所想，长此以往，父母对孩子的教育就会感到无所适从。另外，父母如果不尊重孩子的说话权，那么孩子就会从心理产生反感和想要与之抗衡的情绪，进而导致亲子沟通出现问题。

那么怎么做才是积极的倾听呢？首先一定要做出听的姿势，一定要与孩子平视，不要给孩子居高临下的感觉。身体要向前倾，表示自己对孩子所说的话很感兴趣。另外，不要在自己和孩子之间制造障碍，家长喜欢双手抱着胳膊，或者边翻书边听孩子说话，这些对孩子来说都是一种障碍。此外，一定要看着孩子的眼睛，用眼睛来告诉孩子你很期待与孩子的交流。

在谈话中最扫兴的就是别人说"行了行了，我早就知道了"或者"哎呀，你真烦！没看妈妈忙着吗"如果孩子刚刚开始说话，家长就说了这种类似的话，孩子说话的兴趣就一下子被浇灭了。

对孩子的倾诉行为最好的鼓励就是让孩子知道他所说的每一句话，你都认真听到了。这时候你可以用表情来传达自己认真听的状态。比如，保持微笑，而且时常做出吃惊的样子。孩子最爱"大惊小怪"，他喜欢看到大人对自己说的事情表现出吃惊的表情，因为这说明他很有本事。

很多青春期的孩子往往不喜欢听父母说话，更不愿向父母倾诉心事。但是如果他们向您谈起自己的心事时，请千万要耐心、感同身受地去倾听。因为这说明他正在努力向父母敞开心扉，试着缩小与父母的心理距离。当他们说出曾经所受的伤害时，就应当接受，去理解，并且积极寻找能够治疗这些"伤疤"的方法。

试想，如果父母听了孩子的话之后，常常因为孩子说出了自己的调皮事而训斥孩子的话，那么他很可能再也听不到孩子内心的想法了。这样的误解不仅会伤害了孩子的心灵，也会破坏亲子关系。其实，很多时候，父母把与孩子的交谈当作是朋友之间的聊天，就能得到完全不同的效果。

低声说与大嗓门，哪个更有效

现实生活中，我们总是可以见到这样的场景：面对放声大哭的孩子，母亲越是歇斯底里地高声斥责，孩子哭闹的声音反而越大。实际上，孩子的大嗓门是被母亲的高分贝吊上去的。这种母与子之间的交战，只有等双方中某一方的筋疲力尽才能结束。

美国某大学的语言研究班曾经与美国海军合作，研究在军事行动中一项指令的下达应该以多大的声音发出最合适。实验者们通过电话、舰船上的传声管，向接收者发送各种分贝的声音，结果表明：发送者的声音越高，接收者回答的声音越高；发送者的声音越低，接收者回答的声音越低。

这个规律告诉我们，当交谈双方的情绪处于紧张和敌对时，一方的低声也有助于降低对方的音量，从而缓解双方的对立状态。这就是心理学中的"低声效应"。这种效应应用在家庭教育中其实就是：有理不在声高。父母在批评孩子的时候，使用较低的声音要比使用较高的声音效果更好，而且越是批评、呵斥的话题，就越应该用低于平日的声调来讲。

妈妈有一天带着3岁的铭铭到邻居家做客。铭铭刚开始还很安静，但是过了一会儿，就开始在别人家床上蹦蹦跳跳，张牙舞爪。看到这种情况，铭铭的妈妈没有发怒，而是走到铭铭跟前，用轻得几乎让人听不见的声音在铭铭的耳边说："你觉得不经允许就随便在人家床上乱蹦乱跳，是一件好事吗？"

妈妈的声音十分轻柔，脸上挂着和蔼的微笑，但铭铭却像听到了严厉的批评一样，马上停止了乱蹦。

其实这个事例就体现了"低声效应"的作用。在家庭教育中，降低声调、压低声音的讲话方法有很多好处。

首先，从物理学的意义上来讲，一方用低声讲话，对方就必须要集中精力才能听清。在这种情况下，即使他并没打算认真听这些话，但是由于条件反射的听觉动作，还是会不自觉地捕捉你谈话的内容，并进行理解。

其次，洪亮的声音一般是用来面向公众的，比如用于演讲、舞台剧等；而小声说话则突出强调了这是两个人之间的谈话，不涉及其他人，是针对个人私下里讲的话，所以很容易形成一种"促膝长谈"的良好气氛。这对于正在挨批评的孩子来说，是一种不会引起紧张感的气氛。

此外，低声讲话给人的感觉是"理性"的表述，而不是感情的宣泄。低声讲话可以让听话的人感到你是理智的，从而让你的话更有说服力，同时也促使听话的人保持理智。如果孩子在你的面前大声哭闹，那么你必须首先保证自己的情绪不被孩子的情绪感染，然后才能理智、冷静地分析孩子哭闹的原因，进而把孩子从波动的情绪中引导到理智的状态中来。

用不同于平日说话的低声来跟孩子交谈，其实也是在暗示孩子：现在爸爸妈妈的态度是异乎寻常的郑重，你一定要认真听才可以。

总之，低平的声音、沉稳的语调，能够促使对方认真倾听你的谈话，至少可以防止父母在教育子女时与孩子竞相拔高声音，使矛盾升级。低声说话可以使双方都处于冷静自制的状态中，可以为进一步说服孩子创造条件。相反，面红耳赤、声嘶力竭地数落孩子只会起到适得其反的效果。

南风效应：温暖的沟通法最得孩子心

法国作家拉封丹写过一则寓言，北风和南风相约比武，看谁能把路上行人的衣服脱掉。于是北风便大施淫威，猛掀路上行人的衣服，行人为了抵御北风的侵袭，把大衣裹得紧紧的。而南风则不同，它轻轻地吹，风和日丽，行人只觉得春暖上身，始而解开纽扣，继而脱掉大衣。北风和南风都是要使行人脱掉大衣，但由于态度和方法不同，结果大相径庭。

这则寓言反映出这样一个哲理：即使出于同样的目的，采用的方法不同，最后导致的结果也会不同。心理学将这一哲理称为"南风效应"。

南风效应告诉了我们一个道理：温暖胜于严寒。这也就是说，父母在教育孩子时，要特别讲究教育方法，如果你总是对孩子横加指责甚至体罚，就会令你的孩子把"大衣裹得更紧"；而如果你采用和风细雨"南风"式的教育方法，那么你会轻而易举地让孩子"脱掉大衣"，达到你的教育目的，收到更好的教育效果。

有个初三的女学生深深地爱上了她的同学而不能自拔，于是给他写了一封热烈的情书，没想到却被老师知道了。老师把这件事连同那封情书交给了女孩的妈妈，女孩既感到无地自容，又感到恐惧万分。

她硬着头皮回到了家里，可没想到妈妈并没有什么异样。女孩心里忐忑极了，她一晚上都在偷偷观察着妈妈，可最终也没发现妈妈有什么不寻常的变化。等到临睡之前，她的心终于稍微放松下来了，她随手翻起了放在桌子上的小说，却发现那封情书就夹在里面，另外还有一张妈妈的字条："今天老师把这个交给了我，现在妈妈把它还给你。妈妈相信你可以自己处理好这件事情，相信你能权衡好感情和学业孰轻孰重。晚安，宝贝！"

俄罗斯思想家别林斯基说过："幼儿的心灵最容易受到各种印象的影响，甚至最轻微印象的影响……常常受到强烈的惩罚而变得粗暴的人，会残忍起来，冷酷起来，不知羞耻，于是连任何惩罚对于他都很快变得无效了。"的确，长期生活在北风式教育方式下，孩子可能会走向两个极端，要么对许多事情失去兴趣，给自己和他人造成伤害；要么不敢寻找独立，成为父母和老师眼中的"好孩子"。这样的孩子走上社会后，要么缺乏解决问题的能力，不敢承担人生的责任；要么缺乏自信，一生唯唯诺诺，活不出自己。

孩子都有本能的自我保护意识，他一旦发现父母想要教育他，就会扣上心灵全部的纽扣，把整个心都封闭起来，进行紧张的心理防范。如果父母能从孩子的心理出发，消除被教育者——孩子的对立情绪，创造心理相容的条件，就能顺利开启孩子的心理围城，脱去他紧护心灵的外衣，敞开心扉。

因此，父母要时刻谨记：家庭教育中采用棍棒、恐吓之类"北风"式教育方法是不可取的。实行温情教育,多点表扬,培养孩子自觉向上的能力,才能达到事半功倍的效果。

一个拥抱胜过十次说教

在人际交往中,身体语言往往能比口头语言传递更多的信息。所以父母在和孩子的交往中,不仅要留意自己的语言所传达的信息,还要学会利用身体语言。

当孩子跌倒的时候,我们常常可以看到一些家长嘴里说着:"宝宝快起来,不疼不疼!"可是脸上却带着惊慌失措的表情,手也不由自主地伸向孩子。孩子看到家长这时候的表情,就会大哭起来。

其实孩子年龄虽小,但是第六感是相当敏锐的,他们能从父母微妙的表情和动作中判断出父母的态度。如果在孩子跌倒的时候,以坚定的目光看着孩子,并对孩子说:"自己起来吧!"孩子就会知道父母不会帮助自己,然后就会自己站起来。

曾经有这样一个实验:

让妈妈面无表情地看着正在笑的 6 个月大的孩子,结果,不一会儿,孩子就不再笑了。当妈妈离开后,再次回到孩子身边时,他根本就不看妈妈。这个实验证明,面无表情或郁郁寡欢的妈妈很容易刺伤孩子的心。孩子虽小,但他却能清晰地从妈妈的表情、动作上感觉到妈妈的态度。

也许父母不知道,孩子对于表情的敏感程度,远远超出了家长的想象。据研究,在孩子语言能力没有成熟前,父母与他交流时,这种非语言的表达方式能占到 97% 的比重。大一点的孩子就更不用说了,他们更善于观察父母语言之外的其他东西。因此父母在与孩子的交往中,一定要留意自己的身体语言所传达的信息。

当孩子想父母了或者被别的小朋友欺负了,可以把孩子搂在怀里,脸贴着脸,缓缓地拍着他的背部,嘴里轻轻地说些安慰话,这样孩子那颗惊恐失措的心会渐渐趋于平静。当孩子说着不着边际的话时,家长最好也要面带微笑地等他说完再发表见解,可以伴些手势和面部表情,这会使孩子觉得自己像大人一样被尊重。当和孩子玩游戏时,调皮的孩子故意耍赖,父母要么刮刮他们的鼻子,要么摸摸他们的头,再不然就亲亲他们……这时候孩子们就会围着父母又蹦又跳,显得特别开心。

总之,除了正常的语言交流外,家长适时地给予孩子的一个拥抱或者一个吻,都可以很好地激发孩子的积极性,让他们体会到父母的可亲可敬。而对于那些调皮捣蛋的孩子来说,父母一个严厉的眼神,也许比责骂更有效果。

此外,在父母和孩子的交往过程中,还要学会读懂孩子的身体语言,以此来"透视"孩子的内心世界。当一个小孩撒了谎的时候,他很可能会在说完之后立刻用一只手或双手捂住嘴巴;如果不想听父母唠叨,他们会用手捂住耳朵;如果看到可怕的东西,他们会遮住自己的眼睛。当孩子逐渐长大以后,这些身体语言依然存在,只是会变得更加敏捷让别人不易察觉。

一个妈妈在与孩子谈话时,十分注意孩子的眼神。她这样总结自己的孩子:"孩子眼神定向专注,表示注意力集中;眼珠发亮,表示思维活跃;眼珠放光,表示懂了;眼珠不亮,表示在思考,但还不明白;眼珠亮点闪烁,表示思想上处于矛盾斗争中;眼睛湿润,表示激动。"

不同孩子的身体语言不一定相同,但是只要父母认真观察,就不难掌握孩子的身体语言特点。

而在教育孩子的过程中,父母也要适当地运用肢体语言,这样可以强化口头语言的使用效果。特别是对年龄偏小的孩子来说,父母的肢体语言可以使他们柔弱的心灵得到莫大的安慰,一个鼓励的眼神、一个温暖的拥抱,都会使他们觉得温馨,具有安全感。

了解孩子的肢体语言,就可以在孩子需要帮助的时候像春风一样温暖孩子的心;学会用肢体语言表达自己的情感则会让孩子收获更多的关爱和欢乐。请父母们时刻把这样一句话放在心头:任何时候,孩子都更愿意相信父母的表情,而不是父母的话。所以,不要吝啬自己的肢体语言,让它们带给孩子一份特别的鼓励和关爱吧!

平等协商，让孩子在民主氛围中成长

葛莹是一个喜欢与孩子协商的妈妈，对此，她非常自豪，她曾经在日记里写道：

"我的女儿从没撒过谎，因为她不必撒谎。在家里可以无话不谈，就是说得不好，也不会受到指责。我习惯和女儿商量她的事以及家里的大小事。我们经常坐在一起聊天，而且我们的观点竟是如此接近，很少有意见相左的时候。

"'商量'这个词，在母子、母女之间的使用率一般是不高的，而我们却是将其当作准则。面对任何事情，我从不摆母亲的架子，她也不使独生女的性子，商量的格局便形成了。在孩子很小的时候，这就已经约定俗成。比如她看中了一个玩具，我觉得不妥，便和她商量可不可以不要，强压她会不服，糊弄缺乏诚信，商量则是最佳的途径。更奇特的是，孩子一般都能接受，并且欢天喜地地放弃初衷。

"我家里的抽屉都没有锁，女儿可以翻看任何东西，可以随便拿钱。她很小的时候就尽知家底，我也不对她保密。信任是家庭宽松环境的重要因素。

"我内心的不快也愿意向女儿透露，我拿不定主意的事情乐于征求她的意见，她还小的时候我便将诸如选择购房这样重大的事情和她商量。"

孩子是一个独立的世界,这个世界蕴藏着极大的潜能。潜能的开发,不仅需要个人的努力,也需要父母的尊重、赏识和肯定。有了这样的认识,父母在遇到事情的时候才能够相信孩子,与孩子商量。商量的魅力在于,它可以使自己学会从别人的角度思考问题,并且让孩子感觉到自己被别人尊重,同时,孩子也学会尊重别人和用商量的方法对待父母和朋友。

英国教育家斯宾塞说过:"对孩子要少下命令,命令只有在其他方式不适用或失败时才用。要像一个善良的立法者一样,不会因为去压迫人而高兴,而要因为用不着压迫而高兴。"

两代人的沟通,最重要的是相互理解、相互尊重。而实现相互理解、相互尊重的方法就是学会商量。如果父母喜欢与孩子商量,孩子就会非常乐意与父母交流,反之,孩子则会产生逆反心理,封闭自我。

学会与孩子商量,在子女的教育中还有更为重要的一个方面。那就是对孩子提出的要求,我们不能满足或不应满足时,我们不应粗鲁而简单地拒绝,而是要学会与孩子共同商量。这不但可以增加相互的理解,也可以避免一些无谓的争吵;更重要的是它可以教会孩子在社会上怎样与人共事。

每一个孩子都会出现与父母意见不一致的情况,孩子们都希望父母能够尊重自己的意见。如果父母忽视了孩子的主观能动性,一味地用父母的威严来压制孩子,孩子即使口头上同意了,内心也无法产生努力的动力,在这种情况下,孩子已经感觉简直就是受罪，怎么还可能与父母和睦共处呢？

喜欢与孩子商量的父母都是民主的父母。在这样的家庭氛围中，孩子渐渐会养成民主的习惯，都愿意主动与父母进行沟通，这样的亲子关系是非常令人羡慕的。那么，父母应该怎样运用商量来促进亲子关系呢？

1. 孩子的事情一定要与孩子商量

随着孩子的成长，孩子的事情一定要放手让他自己去选择，父母不可替孩子包办一切，即使父母有自己的想法，也要通过商量的方式，把自己的意见传达给孩子，让孩子权衡利弊后再做出自己的选择。

2. 凡事都要学会商量

不管什么事情，尤其是涉及孩子的事情，父母都不要自作主张，要学会与孩子商量，取得孩子的同意和认同。

3. 多些商量，少些命令

父母不管要求孩子做什么事情，一定要用商量的口吻，而不要用命令的口吻。比如，在提醒孩子不要看电视时，可以说："你现在是不是该做作业了，做完作业可以再看会儿电视。"而不要简单粗暴地说："别看电视了！"或"没做完作业看什么电视？"商量的语气对孩子来说非常重要，因为商量的语气代表着你尊重孩子，关心他的感受，孩子进而会对你产生好感和信任，这对促进亲子沟通非常有效。

总之，父母要学会与孩子商量，这样不仅可以增加相互之间的理解，避免许多无谓的争吵，还能够教会孩子为人处世，促进孩子健康成长。

聊天是另一种形式的爱

每个孩子都有交流的必要。每天，孩子都会接触到不同的人和事，从外界获得许多信息，他们需要把这些信息与周围的人进行分享、交流，从而获得美好的情感体验。作为孩子的父母，常与孩子聊天，不仅可以使孩子养成倾听与倾诉的习惯，还可以令孩子充分感受到父母的爱。遗憾的是，很多父母与孩子之间可以聊天的话题太少了，聊不到几句就因"话不投机"而草草中断或是不欢而散。问题到底出在哪里呢？

瑶瑶放学回到家后，她迫不及待地和妈妈分享这天的感受。

瑶瑶：当班长太累了，又要自己学习，还要维持纪律。

妈妈：既然不喜欢，就和老师说说不做了。

瑶瑶：可是我也很喜欢做班长，它让我觉得很光荣。

妈妈：既然你喜欢，那就不要再嚷嚷着说累了。

瑶瑶沮丧：可是喜欢不代表不累啊！？

妈妈无奈：真不知道你到底要说什么。

聊天是表达父母对孩子的爱的形式。但是，很多父母却不知道如何与孩子聊天，如何与孩子聊好天。就像故事里的瑶瑶一样，她在与妈妈聊天后一定会觉得自己的情绪无处发泄，妈妈根本就没办法理解她的感受，所以她肯定不愿意再继续交谈下去了。但是，如果妈妈可以换另外一种谈话方式，更注意倾听孩子心声的话，站在孩子的立场去亲身考虑她的感受，那么谈话的效果就会有明显的不同：

瑶瑶：当班长太累了，又要自己学习，还要维持纪律。

妈妈：你今天好像很累。

瑶瑶：是啊，当班长让我觉得很光荣，可却也让我总觉得有压力。

妈妈：嗯，我明白你的感受，我也曾经有过这样的情况。

瑶瑶：我该怎么做才好呢，真头疼。

妈妈：妈妈相信你一定能处理好的，来，让妈妈抱抱你。

瑶瑶：谢谢你，妈妈，我觉得舒服多了。

父母在与孩子聊天时，话题不应当只局限于学习上。很多父母都会在这一点上出问题，这会令孩子越来越不愿意与父母沟通。反之，如果父母多关心孩子的日常生活及心理、情感状况，真正地走进孩子的心灵，不居高临下，而是和孩子成为朋友，那么与孩子的关系就会越来越融洽。

当孩子对自己说出其内心的真实想法时，父母不要忙于对他们的看法加以评论，或打断，这样就会削弱他们聊天的兴趣。无论孩子想法的对错，父母都要先学会倾听，然后再站在孩子的立场去理解他，帮助他分析并告诉他应该怎么办。如果孩子在成长的过程中遇到了一些难以解决的困惑，父母就要耐心地给予指导和帮助，为孩子解除心中的疑虑。这样，孩子就会越来越信任父母，把父母当成可以放心倾诉心事的好朋友，无话不谈。

再者，与孩子聊天时还要学会观察孩子的表情。如果发现孩子比较兴奋，父母就可以微笑着问："今天这么高兴，是不是发生了什么令人高兴的事啊？说来给我听听吧！"如果发现孩子面带沮丧，父母就要关切地询问："你是不是心情不好？遇到了什么困难和问题，需要帮忙吗？"如果孩子与同学朋友之间发生了不愉快，父母千万不要气急败坏地去指责孩子，而是要平静地问孩子到底发生了什么事，可以给孩子提供一些解决问题、化解矛盾的方法，但不要硬性干涉，让孩子自己去解决问题。

聊天是与孩子交流最简单、最有效的办法，这既可以随时了解孩子的想法，还可以让孩子感受到来自父母的关心和爱护。只要掌握平等、亲切、真诚、民主、爱护的原则，和孩子进行朋友般的对话，那么孩子就会认为你是最可信赖的长者，就会敞开心扉向你倾诉内心的一切。

再忙也要留下和孩子对话的时间

一个小学六年级的男生曾经对老师说："我很害怕放假。"老师很奇怪，就问他究竟是怎么回事。他说："放假在家里，爸爸妈妈都上班了，只有我一个人在家，我特别害怕，也很孤独，根本没有人跟我说说话。爸爸妈妈一点也不了解我，他们只会问：'作业写完了吗？''这一天你都干什么了？'他们从来不问我在想什么，也不和我聊天。我想说的话只能晚上说给星星和月亮听。我不喜欢放假，我喜欢上学，因为学校里有同学，和同学在一起我感到很开心。"

一项"家庭教育大调查"显示，60%的妈妈每天与孩子相处的时间有4小时左右；亲子共处时，最常从事的活动是35%的妈妈看电视，25%的妈妈在辅导孩子学习，剩下的则是其他，如游戏等。而妈妈每天和孩子说话的时间，则基本上在半小时以内，而且说话的内容多是"教育性"的。

许多父母觉得给孩子吃好的、穿好的、关心他的学习，孩子就会感到很幸福。其实科学研究证明，最有威信的父母反而是那些每天能安排一些时间和孩子说话的父母。要让孩子感到幸福，绝不仅仅是提供物质上的满足，更重要的是与孩子在精神上有很好的沟通。而每天抽出一定的时间陪陪孩子，就是与孩子进行精神交流的最好渠道。

但是在现在的社会中，父母每天都要忙于工作，他们常常是在跟时间赛跑。有时回到家里，孩子已经睡了。然而，聪明的父母总是能够挤出时间陪孩子聊聊天，分享他的心情。

下面这个职场妈妈就想出了一个聪明的办法：

"我把抽出时间与儿子交流作为每天的工作内容之一。我下班晚,于是就要求自己每天中午必须抽出半小时与儿子'煲电话粥'。开始的时候,我主动打电话给儿子,问他学习有什么困难?老师对他有什么要求?需要妈妈给什么帮助?开始,儿子不太喜欢说这些,但是经不住我的启发和开导,慢慢地他就把学校的困难,与同学的交往,甚至有哪个同学欺负他,等等,都讲给我听。听完他的问题,我会帮他分析原因,引导他正确处理,使他感到每次与妈妈'煲电话粥'都很愉快。渐渐地,每天中午,我不打电话给他,他就会打电话给我,向我汇报学习上的困难,讲述生活中的趣事。他还调皮地称中午时间是'妈妈时间'。

其实,即使真正陪伴孩子的时间很短,但是只要注重质量,仍然能让孩子感受到你对他的爱,建立良好的亲子关系。当孩子感到父母的爱与关怀的时候,他的情绪就会变得稳定,自信心就会持续增长。

注重与孩子的情感交流,是父母与孩子成为知心朋友的前提。与孩子交流的时间最好选在吃饭时和睡觉前,因为这是孩子情绪最为平稳的时候。父母在工作时,可以暂时把孩子交给保姆、老人或者学校,但是谁也取代不了父母在孩子心目中的地位,你一定要挤出时间陪孩子,因为孩子需要和父母"单独在一起说话"的时间,他需要从与你的对话中感知你对他的爱,从而获得安全感和幸福感。同时,他也需要你来与他一起分享喜悦,分担痛苦。如果缺少父母的陪伴与沟通,孩子就容易"情感饥饿"。"情感饥饿"的孩子可能会特别任性,偶尔还会做出一些古怪的行为,以引起父母对他的注意，同时也可能极端自闭，郁郁寡欢。当孩子出现这些情况以后，父母才发现自己的失职并且后悔不已，很可能已经来不及了。因为要修补受到伤害后的亲子关系，解决孩子的"情感饥饿"问题，或许要花很长很长的时间，也许永远也不能实现了。

5岁至小学二年级孩子的对话方法

5岁到小学二年级的孩子已经度过了婴儿时期，开始进入儿童阶段，此时他们已经可以离开父母的怀抱独自完成很多事情。以前的生活中，父母就是他们的全世界，但是现在他们即将进入更加广阔的世界中，开始了逐步接触社会基本规则和规范的时候。不过这并不代表父母的教育已经不重要了，这时候的他们认为父母的话就是"规则"，所以他们会努力接受这些规则，并且期望得到父母的认可。所以，我们可以看到，此时父母与孩子对话的重点开始转移，那就是从对孩子无微不至的支持变成满足孩子需要认可的愿望。

为了得到父母的认可，他们可能会表现出各种各样的行为，有些可能会故意夸大自己的成就，有些可能会强烈地要求父母保证他的存在感。

阿淼是个6岁的孩子，无论在家里还是幼儿园，他总是表现很好。但是妈妈却有点烦,这是为什么呢?原来阿淼每做完一件事情就会马上跑到妈妈面前"邀功"。比如刚刚去帮着妈妈擦了一下茶几,擦完之后就会跑到妈妈面前说:"妈妈妈妈,我擦完茶几了!你看干净吗?刚才还很脏,我厉害吗?"开始的时候,妈妈还很开心地表扬他一下,但是随着他"邀功"次数的增多,妈妈越来越烦,有的时候很想跟他说:"这没什么了不起的!"但是又怕伤害了孩子,总是话到嘴边又咽了回去。

其实这个年龄段的孩子总是在想尽一切办法显示自己的能力。他们期望得到幼儿园或者学校的全部奖状,他们希望父母时时刻刻都看到自己的成就,这种实际上不是成年人眼中的"邀功",而是在孩子的发育过程中出现的正常现象。他们需要这些东西来肯定他们对规则的尊重,如果故事中的妈妈真的把那句话说出口就严重地打击了孩子的自尊心,也会影响孩子自信心的建立。

一个7岁的孩子正在公园里向妈妈发脾气:"你为什么把我的皮球给那个小朋友玩?"孩子的妈妈看到孩子这样小气,有点生气,不过她还是面带微笑地说:"对不起,妈妈应该先问你的!谢谢你把皮球让给其他小朋友玩!我儿子太棒了!"听到这些,孩子很自豪地笑了。

其实孩子的妈妈完全可以说:"你不玩就借给其他小朋友玩玩怎么啦?"但是妈妈忍住了,而是用一句"对不起,谢谢"来肯定了孩子的贡献,这让孩子感觉到自己的价值。

另外,这一时期还是开发智力的好时候,家长要抓住机会多与孩子进行开发智力的对话。当孩子提出问题的时候就是展开对话的最佳时机。此时，家长应该把自己所知道的一切知识详细地介绍给孩子，也许孩子不能完全理解父母的话，但是看到父母这样认真的态度，他们会很开心。这种对话方法既能改善与孩子的关系，也能向孩子传授知识和学习方法。

这个年龄段还可能出现让人非常担心的问题，那就是撒谎。但是这个时期的孩子说谎时都有自己的理由。当遇到自己解决不了的问题时，他们就会说谎，而且根本不知道说谎的后果。所以此时父母不必非要揭穿孩子的谎言，有时候可以适当默认。这个时候父母要关注的是孩子说谎的原因而不是这个行为，不过很多家长通常会过于急切地纠正孩子的行为，这反而会给孩子带来压力，最终养成说谎的习惯。

小学三年级至青春期孩子的对话方法

孩子到了三年级之后，几乎都会变得更加懂事。此时孩子的成长速度非常惊人，不仅是身体，而且思维也开始变得复杂。父母的话不再完全是他们的规则，而他们也开始怀疑父母身上的行为和某些想法是不是正确。

小婕是一个非常漂亮的小女孩，以前每次妈妈这样对她说："哎呀，我的女儿好漂亮！简直是世界上最可爱的小公主！"的时候，她总是非常兴奋，会冲过去抱着妈妈亲了又亲。但是现在，她听到这句话的时候再也没有以前的那种兴奋劲儿了，而且每次妈妈说完，小婕都会在心里自己加一句："妈妈胡说！我们班的慧慧就比我漂亮！"

此时孩子已经懂得客观地看待自己，也能够理性地比较自己和别人，还会在心里形成自己的标准，进而就会怀疑父母的价值标准。

等孩子进了青春期，他们还会更进一步地认为："爸爸妈妈都是骗子！说得都不对！"这也是为什么青春期的孩子总是喜欢和父母对着干的原因。有些时候，他们知道父母的话是对的，但是常常没有特殊理由就会反驳父母："我又怎么啦？""我就不这样！""妈妈，难道你没这样过？"这时候，父母通常会很伤心，认为孩子不尊重自己。其实，这些孩子只是想通过顶撞你向你宣告自己不是小孩子了，并没有把这件事情上升到尊重别人的高度。

青春期的孩子自我意识发展到顶峰，他们总是把父母的建议当成是干预自己的生活，所以不断地反抗父母。心理学家曾经提出，青春期的孩子这样无原则地反抗父母是因为自己处于即将脱离父母的状态，他们害怕如果自己采纳了父母的建议就会回到小时候那样被父母管束的日子，这是他们最为恐惧的。

但是青春期又是父母能够改变孩子的最后机会，所以这个时期的对话要讲究一些策略。有时候孩子会提出非常荒唐的要求，父母此时不要感情用事，要尽量答应他们，这样才能在心理上拉近与孩子的距离。只有心理距离越来越近，孩子才会逐渐地接受你的建议。

有些父母可能会因为受不了孩子的变化而采用暴力或者威胁的手段，比如打孩子一顿或者对孩子说："再这样就不给你零用钱了！"其实对这一时期的孩子来说，武力和威胁不能起到任何作用，反而会引起不必要的反抗，最后会出现更严重的问题。

此外，此时父母要注意改变自己说话的语气，要从原来"指示或者命令"的态度逐渐转变为"像朋友一样提建议"的态度。这对有些父母来说可能很难，但是如果你想继续发挥自己的影响力，抓住最后改变孩子的机会，就要努力做出这些改变，否则不仅会使当前的关系恶化，还可能影响未来的亲子关系。

如果孩子说出的话实在没有道理，也不要强行让他接受自己的观点。这时候，你没有必要为这些无意义的事情与孩子争论甚至吵架，你可以静静地说一句："如果你决定了，那么所有的后果自己承担！"当你放手的时候，孩子反而会开始烦恼，并且会思考更合理的做法。但是这不是说父母就彻底撒手不管了，你要时刻关注孩子的进展，在他们身边给予关心和引导，这才是一个青春期孩子的父母应该有的教育智慧。

第五章
用陪伴让孩子感受到学习的甜蜜

为孩子营造最佳的读书氛围

在忙碌一天回到家以后,除了打开电视以外,父母们其实还有很多更好的放松选择,比如和孩子一起读读书。读书的时候全身心投入到书本里面,选一本使自己身心放松的书,还能给孩子启迪和熏陶。

书有香气,这种气味弥漫在家庭的周围,会让家庭更温暖,也会让孩子爱上阅读。当孩子看到父母正拿着一本书津津有味的阅读着,就会好奇那是什么,然后自己也会拿一本书起来看。对这本书产生兴趣,从而好奇读书吸引人的地方在哪儿。

根据中国出版科学研究所发布的《2008全国国民阅读与购买倾向抽样调查报告》来看,我国的阅读主体是18周岁以下未成年人,他们因为学习,阅读率达到了81.4%,而成年人大部分由于工作繁忙没有时间等原因,阅读率只占到了49.3%。成人人均年阅读图书为4.72本。

成年人的这个数字不得不说是让人失望的,成年人有各种各样的原因,比如工作忙、太累没有经历读书、找不到自己想读的书、对读书没有兴趣,等等。但是,家长在给出这些理由的同时,孩子也正在一旁看着。所以，如果想让孩子从小爱上书的话，家长就要摒除这些不读书的理由！多读书对人是有益的，不仅可以提高自身的文化涵养，还能起到净化身心的作用，所以，如果你想让孩子多读书，不如就给孩子做个榜样，给孩子营造一个良好的阅读环境。

联合国教科文组织曾做过这样一个调查，他们抽取了世界各个地方的人，向他们询问多长时间读一本书后，发现在以犹太人为主的以色列，14岁以上的人平均每月读一本书，排名位于世界之首。

犹太人是热爱读书的，这个众所周知。据说每一个犹太人的孩子降临到这个世界的时候，他的母亲都会在《圣经》上点一滴蜂蜜，然后告诉孩子"书是甜的"。美国人对于犹太人的印象可以用一句话概括，"美国人的钱在犹太人的口袋里，全世界的人的财富都在犹太人的口袋里。"

为科学做出莫大贡献的爱因斯坦、革命的领头人马克思、哲学家心理学家弗洛伊德、著名导演斯皮尔伯格、毕加索、卓别林、门德尔松……都是犹太人，他们为这世界做出了卓越的贡献。而对于他们来说，最珍贵的不是财富，不是权力，也不是闪耀在外的光环，而是智慧。

一位犹太母亲问了孩子一个问题，"如果起了大火，你第一个要带走的东西是什么？"孩子们纷纷回答是粮食，钱财，或者珠宝。犹太母亲摇了摇头，"不，是智慧。"

但是，犹太人的智慧并不代表死记硬背的智慧，而是要具有深刻的逻辑能力，创新的精神，以及从广泛的书籍中发掘出对自己有用的东西，从而获得提高的能力。

犹太民族和其他民族最大的区别在哪里？许多人会回答是宗教信仰。其实不然，最大的区别其实是在对于知识的态度。犹太民族一直是一个希望把这个世界和人类之间的秘密——揭示摊开在人们面前的民族，给他们的孩子营造了一个极佳的获取知识的氛围。

家长引导孩子做广泛的阅读，并不仅仅在那些对孩子"有用"的书。要让孩子自己去选择自己喜欢的书，不一定要看《钢铁是怎样炼成的》《在人间》或者《我的大学》这样的名著，关键是要启发孩子去主动寻找自己的兴趣。如果孩子看那类名人故事比较多，那么就带他去买关于这个名人的书籍，让他了解不是所有名人都可以一开始达到目的，名人背后大都会有许多不为人所知的艰辛。如果孩子喜欢看战争故事，那么就为他买一本《三国演义》之类的书籍，了解古代人的智慧。

除了符合孩子的兴趣爱好，给孩子读的书的内容也不宜超出孩子年龄段的正常理解范围。孩子如果没办法理解书里内容的话，当然不会想读，这样只会打击孩子读书的信心。一旦他在书里发现许多自己无论如何也不懂的地方，那么就会把这本书搁置一旁，阅读的兴趣也大大地被破坏了。所以，多带孩子去书店吧，让孩子自己去他喜欢的地方挑选书籍，家长可以适时地给予建议，然后自己也挑选一些书和孩子一起看，相信书的味道可以让整个家庭都沉浸在一个温馨、充满智慧的氛围。

父母假装不知道，虚心向孩子"请教"

　　父母和孩子，看起来总是教育者和被教育者的身份关系，父母总是教导孩子做这个做那个，孩子习惯性地接受，总是处在一个被安排，被教育的地位。一旦孩子总是达不到要求，那么就会很容易产生厌学、弃学等问题。但是如果有一天，父母和孩子的身份对调一下又会怎么样呢？让父母来做孩子的学生，虚心向孩子请教，假装自己不知道，孩子会感受如何呢？

　　当两个孩子玩在一起的时候，总会与对方在心理上做出个高下之分，对事情能够很快理解并且掌握技能的孩子就会比较积极，而另一个孩子老是处于弱势只要这样几次就会失去兴趣。无论什么时候，孩子都是需要有自己的一个优点的，那么让什么人来做这个让孩子自己发现优点的人呢？最佳人选不是另一个孩子，而是孩子的父母。这也就是说，父母除了做孩子的教育者，有的时候也要做孩子的"学生"，就某些问题装作"无知"的样子，向孩子请教，从而提升孩子的自信心，让孩子对学习更有兴趣。

　　孔子生于春秋时期，一次，孔子去鲁国国君的祖庙参加祭祖典礼，一进太庙他就十分的好奇，于是就向别人问这问那，几乎什么都问到了。

有人觉得他不懂礼仪,也有人说他,"孔子学问这么出众,还需要问?"孔子听到了,就说:"遇到不懂的就问,有什么不好?"

那个时候卫国有个大夫叫孔圉,聪慧又好学,待人有礼,于是在他死后,世人都称他为孔文子,孔子的学生不服气,就问孔子:"为什么他可以叫作'文'呢?"

孔子答道:"敏而好学,不耻下问,是以谓之'文'也。"意思是说孔圉聪明好学,不以向不如自己的人问问题为耻,所以将"文"字作为他的谥号。

连孔子都赞成要"不耻下问",自己为什么就不可以当孩子的学生呢?所以说父母当孩子的学生是正常的。当孩子给出问题的答案时,父母要给予充分的肯定,表示孩子教给自己的东西让自己"懂得"了这个问题,并对孩子表达感谢之情,让孩子感受到成就感,孩子天生就对自己有优势的地方更有兴趣。

小兰最近的考试成绩比以前低了不少,也不如以前那么有自信心了,小兰妈妈在旁边看着心里着急,认为小兰是基础知识没有抓稳抓牢。于是就想了一个办法。

有一天看到孩子正在抓耳挠腮地读书里的一段概念,就拿了点点心进去给孩子让她休息一会儿,在休息的间隙就问孩子,"你背的是什么啊,听起来好像很有意思。"

"是今天地理老师讲的地中海气候。"

小兰妈妈坐了下来,接着问:"什么是地中海气候啊?以前老在电视上看到听到。"

"就是根据气候的特点,把全球各个地方的气候分成不同的类型,这是一个地理气象学上的术语,而地中海气候分布的地方没有其他气候多,主要集中在地中海区域。"

说着就指着书本里一页的地图上,"看,这里分布的就是地中海气候。"

小兰妈妈也一脸惊奇的凑了过去,看了之后感叹了一句,"真不错,妈妈总算了解了。"

小兰看妈妈这么感兴趣,就主动提出:"要不我以后就教妈妈学习这个?"

小兰妈妈赶紧点头,于是自那以后,每天小兰都会给妈妈上一会儿课,周末也会一起对于这个星期的课程做个总结,有的时候对于妈妈提的问题自己也不懂的话就会去问老师,如此循环,成绩很快就重新提高了上去。

这个妈妈显然是花了功夫的,放弃了自己的休息时间来做好孩子的学生,提的问题也通常是孩子容易错的地方,让"小老师"再回去询问老师。来回几次,孩子对知识的理解就更为透彻了。

不过,在向孩子请教时,父母的态度一定要真诚。如果在请教的时候表现出很明显的虚假情绪,孩子就会想明明爸爸妈妈知道答案,为什么还要来问我呢?他是不是故意这样做的?然后,孩子就会对这种方式失去兴趣,甚至还会厌恶。因此,在向孩子请教的时候,一定要全身心投入其中,要认真向孩子问问题,如果这个问题真的能让孩子一起思考那就更好了。

孩子遭遇学习低谷怎么办

很多孩子会在一段时间出现学习和复习效率停滞不前，甚至对已经学过的知识还感觉模糊，有时头脑昏沉，心情烦躁，学习效率降低，越学越没有劲头。这种学习进步的速度减慢甚至停滞，人的学习状态落入低谷的现象，在心理学被称为"高原现象"。

心理学研究表明，人在学习各种新的知识和技能的过程中，其能力和水平的发展并不是直线上升的。一般来说，在人刚开始学习一项事物时，通常较为费劲，提高较慢，当他初步掌握了该知识、技能的重要规律或找到了"窍门"后，成绩就会明显提高，学习者因此得到鼓舞，提高了兴趣，树立了信心，取得更大的进步。但是紧接而来的，就有可能是学习的"高原期"了，此时学习者已经掌握了一定的知识，也具备了一定能力、水平，剩下的多是疑点、难点，加之精神、心理等诸种因素的影响，进步速度比较缓慢，尽管学习者很用心学习，但成绩提高不大，有时甚至会下降，水平总体上处于一种停滞状态之中。当学习者通过有效的方法克服高原现象以后，学习成绩又开始逐步上升，能力水平达到新的高度。

高原现象的产生也是多种多样的，具体来讲，当学习一段时间后，孩子的好奇心已满足，学习兴趣减弱，学习动力随之下降。也许目前使用的学习方法已不再适应这一阶段学习的要求；也许是生理与心理的双重疲劳；也许是原来形成的知识结构网络不适合进行新的学习……诸多因素，都将致使孩子的学习停滞不前。

蒙蒙是小学六年级的学生，学习不算卖力，对待老师、家长的批评是"虚心接受，坚决不改"，但凭着一些小聪明每次成绩也都能保持在班级10名左右，发挥较好时甚至能进入班级前5名。父母亲戚、老师同学都说他学习潜力很大，上初中后仍然有很大的进步空间，就连他自己也认为如此。

不过，在小升初考试的前2个月，蒙蒙决定突击学习，考入一家好的中学。他抛弃了以前所有陋习，全身心拼了起来，可成绩却不见起色，依然维持在10名左右，甚至有一次摸底考试还下滑到了班里的19名。蒙蒙这下子慌了，他更拼命地努力，可却发现只要一拿起书本头就嗡嗡直响，听课时也会莫名其妙地走神，注意力总集中不起来，好像有劲却怎么也使不上。他开始怀疑，老师和家长过去对他"聪明"的评价是对他的嘲讽，怀疑自己的潜力也已经被挖掘殆尽了。

如果孩子已经处于"高原状态"，要想帮孩子不慌不乱地走下"高原"，首先要明白，"高原现象"不是"学习的极限"，而是一种正常现象，如同运动员在长跑中会出现极点一样。要鼓励孩子再坚持一下，学会为自己加油，增强信心，这种感觉就会消失。用一种平和的心境看待它，告诉孩子在合适的时候学习合适的内容，比如早晨可用于早读，中午休息，下午整理消化当天学习内容，晚上三门学科交叉系统进行。尽快把头脑中较为混乱的知识排序重新组合，通过比较、分析、归纳、概括等手段，使自己已有的知识系统化，这样可以避免在知识调用时出现混乱，人为造成"高原现象"。

其次，可以帮助孩子改进学习方法。孩子在学习过程中所养成的学习习惯和学习方法会影响和制约着学习的成绩，因此，要走出"高原"，进一步提高成绩，父母不妨和孩子一起讨论，看看在学习中哪些习惯、哪些方法是有效的，可以继续保持的；哪些习惯和方法是有害的，必须克服和改进的，一一进行调整和改进。

再有，父母在平时应多关注孩子的学习情况，经常与孩子进行学习和生活上的交流。在孩子的学习过程中，对其学习行为中的闪光点加以肯定和鼓励，同时如朋友般与孩子一起分析错误形成的原因，并找到解决的办法。父母要记得多尊重和理解孩子，在孩子取得突破时及时予以鼓励，让孩子体会到努力后的成功感，增强孩子学习的信心，以期取得更好的成绩。

最后，加强锻炼，增强营养，保持充沛的精力，这也是克服"高原现象"的一个重要的条件。

总而言之，知识技能的学习与提高要经历以上四个阶段，"高原现象"是学习过程中迟早都要面临的。当孩子进入学习上的高原阶段，父母不应该对孩子加以指责，武断地认为孩子不用功，而是应该和孩子一起分析问题，认真诊断，找出症结所在，然后对症下药。只要孩子平安度过学习上的高原期，就能跃上另一个台阶，突破原有局限，取得新的成绩。

给学习压力大的孩子做做情绪疏导

俗话说，"井无压力不出油，人无压力轻飘飘。"适当给孩子施压是应该的，毕竟每位家长都希望自己的孩子能长成一个优秀的成年人。但是，凡事都应有个度，过重的压力非但不能让孩子获得前进的动力，反而会让孩子感觉到生命所不能承受之重，出现逆反心理，最终事与愿违。

佳佳的父母在社会上都是有头有脸的人物，他们对佳佳倾注了很多心血，同时也为佳佳设置了极高的标准。在学习上，佳佳必须要争第一，因为在父母眼里第二都不是优秀，只有第一才是赢家。

为了达到这个目标，佳佳从小就学习时间长过其他孩子，她没有时间看动画片，没有时间出去游玩，放学后不是参加补习班，就是到钢琴教室弹钢琴。佳佳是个懂事的孩子，为了自己能使父母感到欣慰，她卖力地学习，因此成绩一直都很优异。不过，即便如此，佳佳偶尔也会失去第一名，而这种时候，父母就对她冷言冷语，怪她懒惰不知上进，逼她增加更多的学习时间……

在越来越多的压力中，佳佳的学习成绩反而越发不稳定了，第一名的次数越来越少，学习的后劲也越来越不足。看着同学们飞速进步，而自己却不进而退，佳佳心里产生巨大的挫败感和失落感，同时，还要面对父母越发严厉的批评。最终，佳佳的情绪崩溃了，她变得暴躁不安，情绪波动很大，并且经常失眠。她再也听不进去父母的话了，也不跟同学老师来往，把自己封闭了起来。

父母给予的巨大学习压力是佳佳身心受损的最根本原因。给孩子太大的压力，会使他精神紧张，甚至与父母的期望适得其反。这是因为，人做事的动机如果过强的话，就容易产生压力，从而变得紧张，思维局促，甚至在极端的情况下，大脑会一片空白，这样的情况，当然不利于发挥水平了。只有在动机适度，人比较放松的情况下，人的能力才能得到充分的发挥。

所谓的动机，指的是人渴望完成任务的程度。心理学家认为，人的各种活动多存在一个最佳的动机水平。动机不足或者过分强烈，都不是一种好现象，比如一个整日混日子、没有什么理想的学生，很难有学习的兴趣；而一个对学习抱有太大的期待，过分追求学习功利性，学习动机过高的学生，势必会为自己制造巨大的压力，最终影响到他的学习效率，而学习效率的下降，反过来又会增加他的压力。可见，太强或太弱的动机都不利于人的学习和发展。那么，什么样的动机水平才是最适度的呢？

美国心理学家耶克斯和多德森认为，中等程度的动机激起水平最有利于效率的提高。所以,当孩子的压力超过中等程度时,父母记得要帮孩子做做情绪按摩,以减轻他的压力。缓解孩子的压力,父母可以从以下几个方面着手:

1. 当学校老师为孩子施加压力,让父母监督孩子学习时,父母最好不要让老师牵着鼻子走,而要做到"不管"和"不说"。孩子们已经够累了,就让他们在这种"不管""不说"中学会自我监督、自我放松吧!

2. 无论父母有多紧张,都应该尽量避免在考试期间,与孩子发生情绪上的冲突,增加孩子的压力。

3. 确保孩子作息正常。考试的压力过大的孩子可能会在考试期间或者备考期间出现乱发脾气、头疼、发烧、肚子不舒服,甚至失眠等状况。调节孩子身心平衡,让孩子和平时一样吃好睡好,维持正常作息,孩子才能处于最佳状态。

4. 和孩子一起做运动。适当的运动,能够让孩子的紧绷状态松懈下来。几分钟的深呼吸,10 分钟的暖身操,花半小时去游泳、跑步,或到公园散步,都是很好的解压方法。

让自卑的孩子相信自己的能力 •

小雯上五年级了,成绩一直都不错,一般都在班级前 10 名。一次小测试,小雯没有考好,老师一脸铁青地叫骂着:"你丢不丢脸啊！居然才考 80 多分，你看人家倒数的小飞都超过你了！"事后，小雯宛若一个泄了气的皮球，眼泪汪汪地坐在教室里。

之后的一个学期，小雯都闷闷不乐的。她比以前更加努力学习，特别害怕考试成绩差被老师骂，但是似乎她越努力学习越吃力，成绩也是时好时坏，发挥很不稳定。渐渐地，小雯觉得自己学习真的不行了，她认为自己再努力也不能像以前那么好了，因为现在好像自己越来越笨，而其他同学都越来越聪明。从此，小雯不再对学习有热情了，学习对于她来说变成一个折磨，而她的成绩也一落千丈。

没有一个孩子天生就是自信的，也没有一个孩子天生就是自卑的。让孩子走向这两种极不同的端点，教育就是其中无形的手，好与坏其实都掌握在教育者那里。毋庸置疑，小雯幼小的心灵已经被老师深深地刺伤了。在老师的指责中，孩子陷入了深深的自卑无法自拔，因而再也没有自信好好学习了。

自卑是一种性格缺陷。自卑的人常常认为自己在某些方面或各个方面都不如别人，常用自己的短处和别人的长处相比，具体体现在遇事不相信自己的能力；办起事来爱前思后想，总怕把事情办错被人讥笑，且缺乏毅力；遇到困难畏缩不前。

孩子产生自卑心理有着多种多样的诱因。例如，爸爸妈妈总是指责孩子这也不是，那也不行，那么孩子在生活中就难以体会成功的喜悦，会觉得自己一事无成，怀疑自己的能力，形成一种自卑心理。再比如，有些家长总喜欢盲目地拿别人孩子的长处和自己孩子的短处相比，责骂训斥、讽刺挖苦，这也会令自家的孩子越来越自卑。等到孩子上学以后，成绩不好也会造成孩子的自卑心理。此外，容貌不够好看、家庭条件不好，等等，都会在一定程度上造成孩子的自卑心理。

自卑对孩子的心理健康会产生很多负面影响，更会对一个人的身心的正常成长起消极作用。心理学家认为，每个人都有先天的生理或心理欠缺，在潜意识中，都有自卑心理存在。但是，一个人的自卑不是与生俱来的，大多是在后天的成长过程中养成的。所以，在现实生活中，父母如果不能正确地对孩子进行教育和引导，就容易使孩子产生自卑心理，反之，如果父母能够让自卑的孩子也看到自己的能力，让他发现自己也是有优点和长处的，那么就会令孩子重新获得自信。

那么，父母应当如何让自卑的孩子重新拾回自信呢？我们可以从下面这个妈妈的故事里总结一些经验。

因为妈妈工作忙，小盈刚满2岁就上了幼儿园。最近小盈总是闷闷不乐的，还总问妈妈自己是不是很笨。原来，是小盈所在的幼儿园为了提高孩子们的自理能力让孩子自己吃饭睡觉，有时候还进行比赛。小盈年纪小，总是落在最后，所以她很自卑。

妈妈了解到这种情况之后，在家的时候也会让小盈自己吃饭，即使孩子吃得慢也从不催她。孩子吃完后，妈妈还会鼓掌说："宝宝真棒，前两天还不会拿勺子，现在都能自己吃饭了！一定是幼儿园阿姨教得好对不对？"过两天，妈妈就会说："宝宝现在用勺子已经很熟练了，吃饭也不撒饭粒了，真棒！"每次听到妈妈的表扬，小盈都会开心地拍手，人也恢复了往日的活泼。

首先，父母要端正自己的态度，在生活中要注意并善于发现孩子的优点和点滴的进步，并不失时机地给予肯定和表扬，不要总拿孩子的缺点和别人的优点做比较，更不要贬低孩子。要记住的是，不管你的孩子表现如何，都不能随便做出"没有出息"之类的负面判断，也不能任意给孩子贴上"窝囊废"之类的灰色标签。不要单纯抽象地用貌美、聪明、学习成绩好等夸奖来满足孩子的自我表现欲，而要尽可能地在具体地不同层次上让孩子看到自己特有的优势，从而实现高质量的自我满足。最重要的是，要教育孩子重视自己每一次的成功，因为成功的经验越多，孩子的自信心也就越强。

其次，父母要让孩子既看到自己不足，同时也看到自己的优点，让他客观地认识自己，全面地接纳自己。

再次，要让孩子学会正确与人比较，不要总是拿自己的短处跟别人的长处比，同时自己也不应总拿孩子的短处和别的孩子的长处比。

最后，要引导孩子对自己有合理的要求，不要给自己太大的压力和太高的设想，以免因为理想与现实的落差使孩子坠入自卑的深渊。

奖励要适当，否则可能毁前程

在心理学上，有一个著名的"雷珀实验"：心理学家雷珀挑了一些爱绘画的孩子并把他们分为AB两组。A组孩子得到许诺，"画得好，就给奖品"，B组孩子则只被告之"想看看你们的画"。两个组的孩子都高兴地画了自己喜爱的画。A组孩子得到了奖品，B组孩子只得到了几句平常的赞语。三星期后，心理学家发现，A组孩子大多不主动去绘画，他们绘画的兴趣也明显降低，而B组孩子则仍和以前一样愉快地绘画。

"雷珀实验"提示我们：适度的表扬和奖励能够激发孩子积极向上的情绪和愿望，适当的奖励有利于良好个性和优秀品质的形成，也有助于孩子能力的发展、知识的积累和审美情趣的培养。不过，奖品固然可以强化某种良性行为，但它也有使人只对所获奖品感兴趣而对被奖行为本身失去兴趣的危险。在现实生活中，不少家长在运用表扬和奖励的时候也存在着一些误区。

有个妈妈为了激励她的孩子，尝试了很多办法。孩子考得好，就带他去游乐场，买名牌运动鞋，吃西餐，甚至许诺说要考到某个程度就带他出国旅游。可每种办法只能用一两次，然后就没效了，孩子的学习也一直没什么起色。

这位妈妈似乎用了很多办法，但分析她的方法，其实只有一种，那就是物质刺激，区别只是奖品不同。

人对奖品的热爱程度取决于他在这方面的欠缺和需求程度。或许家长还习惯于给孩子物质奖励，但实际上，现在的孩子多数都衣食无忧，在物质上并没有太大的欠缺，所以物质奖励并不能真正刺激他们的热情。即使能带来一些动力，也只是阶段性而已，并不能持续多长时间。而且，物质奖励非但不能从根本上解决问题，起到激励的作用，有时甚至还会产生一些副作用。

首先，物质奖励会让孩子的学习目的发生变化。例如，一个孩子如果为了一双名牌球鞋而去学习，他在学习上就会变得功利了。在短时间内可能会取得好成绩，可一旦得到了这双鞋，对学习就会懈怠。庸俗奖励只能带来庸俗动机，它令孩子不能够专注于学习本身，把奖品当作目的，把学习只当作是一个拿到奖品的手段，真正的目标就在这个过程中不知不觉地丢失了。

其次，它败坏了孩子实事求是的学习精神。学习最需要的是对知识的探究兴趣和踏实的学习态度，如果家长总是把奖励当作学习的诱饵提出来，其实这从某种程度上讲是一种成人要求儿童以成绩回报自己的行贿手段，会令孩子对学习不再有虔诚之心，只把心思用在如何换取奖品、如何讨家长欢心上。这样一来，孩子的心就总是悬浮在半空，患得患失，虚荣浮躁，学习上很难有心无旁骛、脚踏实地的状态，这无疑是一种对学习本身毫无利处的不正确的态度。

可见，父母对孩子的奖励一定要慎重，当孩子取得进步时既要及时把奖励作为鼓励，又要注意选择正确的奖励方式。

一个人除了物质需求外,还有被尊重、被认可、被理解、被关爱等多方面的精神需求。这也就是说,除了物质奖励,精神上的肯定和鼓励对于孩子也非常重要,它所发挥的作用有时甚至会超越物质奖励。不过,给予孩子精神上的奖励也需要讲究方法,而且不能过度。有些家长在孩子每做对一件他们所应该做的事,每回答对他所应该回答出的问题时,都要抛出如"真乖""真好""真聪明"等之类的赞赏的话和报之以喜悦的脸色,久而久之,这些话就失去了它应有的效用,因为人的心理就是这样:越容易得到的东西越不会引起重视和珍惜,没有做多少努力便能得到的表扬也只能是廉价的。这样的表扬越多,孩子便越会对它无动于衷,更谈不上珍惜,也不会有什么荣誉感,有时还会产生不表扬就不去做的错误意识。

因此,对于孩子的精神奖励要适度而行,而且所说的话要具体,即具体到孩子的某一具体行为上,如"你今天做了一件……的事,爸爸妈妈很为你感到骄傲",这种具体到细节上的表扬可以让孩子知道,父母正在关注着自己,自己所做的每一件事情父母都能看到。这样一来,孩子既收到了来自父母的关爱的信号,同时也因为被肯定而提升了自信,进而做事更充满活力。

多种感官齐动员,学习效率提上来

大文学家苏东坡的文章广为流传,这不仅是因为他会写文章,还和他的习惯有关系。苏东坡读书从不敷衍,不仅认真读书,还养成了看一遍就抄下来的习惯,像《汉书》《唐书》《史记》这样的书他都抄过。在不断的抄写中加深记忆和理解。

有一次朋友去看他,问他在做什么,苏东坡回答道,"在抄《汉书》"。朋友很不解,继续询问原因,苏东坡微笑答道,"这其实是我第三遍抄《汉书》了,第一遍我每段抄三个字为题,第二遍每段抄两个字为题,到了第三遍每段只抄一个字就能理解内容。这样我就能掌握全本书的内容了。"

宋代学者曾提出过一种行之有效的学习方法,那就是"三到":"读书有三到,谓心到、眼到、口到。"意思是,读书要心到、眼到、口到,如果心思不在书本上,那么眼睛就不会仔细看,心和眼既然不专心一意,就只是随随便便地读,那一定不能记住,即使记住了也不能长久。

后代的文人经过试验后把这句话奉为真理,因为它同时提到了两种感官的运用——视觉和听觉,这两种感官的结合让事情的效率得到提高。眼里看着,嘴里说着,耳朵同时也能听到,这种方法也叫作"感官协同原理",在当今的教育中多有运用。比如说现在的视听教学课程,就是利用感官协同原理,将孩子看到的画面与听到的声音结合，对事物的感知也就更加生动形象，得到了更好的学习效果。

美国心理学家格斯塔做过这样一个实验，他找来十个孩子，分为两组，让他们各自待在两个房间。第一个房间里面放了5本书。第二个房间里面也放了5本书，但是除了这几本书之外，还放了一些画集，收音机里也放着音乐。

实验到尾时，格斯塔让孩子们把看到的内容能记住的都默写下来，结果第二组的结果明显比第一组好。第二组的孩子在背诵的同时也能说出所背内容的意义出来。

不难看出，第一组孩子在记忆的时候只用了一个感官，而第二组孩子在记忆的时候调动了几种感官。所以第二组的效果比第一组要好，也证实了"感官协同原理"的真实性。

人在收集信息的过程中，使用到的感官越多，那么收集到的信息也就越多越丰富，所收集到的信息在印象里也就能留下越深刻的印象。多种感官的同时使用能够提高感官的感知能力，效率会大大提升。科学研究表明，当孩子在获取知识的过程中，听觉能够记住的是15%，视觉能够记住的是25%。当两种感官结合能记住的是65%，这比分开使用的效率高了不少。

所以，家长要教育孩子在学习的时候多用口、手、眼。尽量多使用几种感官，以获得在学习上的事半功倍的效果。比如学英语，现在许多孩子学英语只是听老师怎么讲，自己从来不开口，单词反复记了很多遍也记不下来。那么就要告诉孩子在学英语的过程中不仅要听英语，更要自己说，看别人怎么说然后自己再说，这样就可以记得更快。

有的老师在教育孩子的时候也用到了这个方法，比如小学数学课的课堂上，当孩子被一道数学题难住的时候，老师就要孩子拿出许多小棒，自己分一分，在学习的同时边做边想边说。在做期末复习的时候，老师通常会让孩子自己做复习提纲，自己亲自动手比老师在黑板上写出来再抄下来的印象深得多，要是做题的时候突然想不起来了，还可以回忆当时自己用心推导的过程以及顺序，这相当于又重新记忆了一遍，记忆会更加深刻，答案也会迎刃而解。

所以，父母不妨告诉孩子在读书的时候用到各种感官，在记忆的时候耳朵、眼睛、手都要配合起来。孩子可以在动用各个感官的同时加深对事物的理解，基础也就越扎实，比如在上课的时候可以让孩子把图形折叠出来，通过剪、切、拼、搭，既可以培养孩子对空间的想象能力，使形象更加具体，加深印象，又可以解答出答案，学习也就能达到事半功倍的效果了。

每个厌书的孩子背后都有厌书的父母

李响读小学了，近来，他的妈妈非常烦恼，逢人就开始诉苦，原来是因为李响不喜欢读书。本来，上小学之后，孩子的学习量和阅读量都应该增加，但李响却一点也不喜欢读书。有一次，老师让班里的同学去图书馆借一本课外读物回来读，由于不喜欢读书，但又必须完成老师布置的任务，李响只好跟着同学到了公共图书馆。之后就发生了有趣的一幕，别的同学都在找最优秀的课外读物，而李响却在忙着找一本最薄、最简单的读物。这让图书管理员很诧异，而李响对这件事的解释就是"阅读枯燥无味，太令人生厌了"。

难怪李响的妈妈会烦恼，孩子不喜欢读书，对其以后的学习和知识储备都是很不利的。因此，几乎所有的父母都会不顾一切地要求自己的孩子多读书，读好书，以此来提高知识修养和学习能力。但事实上，有些孩子是不爱看书的。对此，一些家长就认为，是天生原因，孩子天生不喜欢读书，谁也没办法。但其实，把孩子不爱读书归结为天性，是不对的。孩子不爱读书跟父母有着很大的关系。可以这么说，每一个讨厌读书的孩子背后都有讨厌读书的父母。

我们已经知道，孩子小时候的模仿对象和榜样人物就是父母。生活中，如果父母想培养孩子某一方面的好习惯，就要从自身做起，给孩子树立好的榜样。那么可以试想，没有良好的家庭阅读氛围和父母从来都不读书的家庭，孩子是很难知道阅读为何物的，更无法体会到阅读带来的乐趣。

有人曾针对两所家长来源差异较大的小学进行了调查，A小学的家长多来自高校，在家中他们有大量的时间用来阅读和写作；

B小学的家长多数是普通工人和售货员，在家中的时间几乎都用来看电视、打麻将、聊天等。调查结果发现：A小学的孩子产生自发阅读和书写的时间比较早，而且普遍认为阅读和书写是生活的重要组成部分；但B小学的孩子产生自发阅读和书写的时间则较晚，且多数并未将阅读和书写当作生活的重要组成部分。于是，研究者随后要求B小学学生家长每天都在家中阅读20分钟，可以阅读报纸、书籍等，但必须在孩子面前进行，并且阅读时要表现得专注而且满足。这样坚持了几个月之后，B小学实验组的学生自发阅读的行为明显增加，并开始认为阅读是生活中不可缺少的内容了。他们的家长也认为，孩子最近的学习态度和成绩都有所提高。

因此，父母对书籍和阅读的态度会直接传递到孩子身上，孩子之所以不喜欢读书，是不是因为大人从来都没在家里或者在他面前读过书呢？大人一般都工作繁重，或者因工作环境不同而会有不同的生活内容，但无论如何，增强孩子的阅读兴趣，让孩子从自己身上沿袭到喜欢阅读的习惯，对孩子的一生是非常重要的。因此，父母应该严格要求自己，给孩子做好榜样。

除了父母以身作则，把自己喜欢阅读、喜欢书籍的习惯传递给孩子，让孩子不再厌书之外，父母还可以有意识地跟孩子一起做亲子阅读。要知道，亲子阅读是最佳的父母与孩子交流、培养感情的方式，同时还能让孩子感觉到阅读的美好，从而喜欢上读书。平常周末或者假期时，多跟孩子一起逛书店、去图书大厦，就算自己不买书,也能传递给孩子一种阅读的气氛;在家没事的时候,拿出一本有趣的书跟孩子一起阅读或者讨论,也能增加孩子对书籍的兴趣,并想当然地认为父母是爱书的,自己也要爱书等。在这样的习惯化行为中,孩子就会慢慢地爱上书籍,喜欢阅读。

第六章

弯下腰去感知，跟孩子建立心灵共鸣

理解孩子，小孩也会"心累"

小迪由于刚刚上了小学六年级，对小学六年级的学习和生活不太适应，所以每天疲于应对各科作业，对那些课堂小测验更是应接不暇，后来干脆书本连碰都懒得碰，总是用尽各种方法逃避上学，迟到早退，赖床，无所不用其极，最后索性不再去上课。

小迪的父母很是着急，怎么劝说都没用。问她原因，她也只是说看不清黑板上老师的板书或者身体不舒服等。面对父母的责备，小迪的情绪也反反复复，今天说一定会努力，争取考上重点初中，明天又说不考了。

小迪的情况其实就是学习上的疲劳。学习上的疲劳分为两种，一种是生理性疲劳，这种疲劳用短暂的休息就能得到消除；另一种是心理上的疲劳，这种疲劳单靠休息是不行的，小迪这种正是由于功课和考试的紧张所导致的心理上的疲劳。当孩子遇到类似于这种情况时，父母就需要严加注意了。

一般情况下，心理疲劳表现为无精打采，对曾经爱好的事物也提不起兴趣。举例来说，体育场上的运动员比赛，胜利的一方会因胜利的喜悦而冲刷掉疲劳，变得生机勃勃，失败的一方则通常会表现的懊丧不已，甚至会短暂地失去信心。即使提起精神应对下一场比赛，也会失去热情，丧失斗志。

别以为孩子年纪小，就不会感到疲劳。孩子同样会出现心理疲劳的现象，具体到行为上，就会表现为不想上课、不愿做作业、注意力无法集中、对父母过问学习上的事表现得极其不耐烦、上课打瞌睡、下课也不够活跃，等等。这种心理上的疲劳一般都不是突然发生的，而是长时间的压力过大导致精神紧张所造成的。长期在这种紧绷状态下，孩子就会因为精神后劲供应不足而产生心理疲倦，学习精神也随之衰竭。这就像心脏血液的供给，一段时间内处于高速供应状态，一旦出现纰漏，那么就很容易出现心脏衰竭的情况。

科学家研究表明，如果只讨论脑的话，大脑即使在工作8～12小时之后，也完全感受不到疲倦。那么，孩子的这种疲倦感又是从何而来呢？

如果让一个成年人连续不断地做一件事情时，他也会感到厌倦，孩子就更是如此。厌倦的情绪会令人提不起精神，做事无力也无热情，进而形成心理上的疲劳。如果父母发现孩子已经有心理疲劳的迹象，那么就应帮助孩子放松，多和孩子唱唱歌、听听音乐、做做游戏等，多让孩子感受生活的乐趣，同时放松身体。有的时候，身体疲劳的减轻也有助于心理疲劳的缓解。

对孩子过高的期望也会给予他沉重的压力，进而造成心理疲劳。如果孩子达不到家人的期望值，就有可能会对自己的能力产生怀疑，甚至还会自暴自弃，这无论是对孩子当前的学习还是今后的生活都会造成极其恶劣的影响。身为孩子的父母，更要经常对孩子表达鼓励之情，巩固孩子的自信心，即使他取得了一丁点的进步，也要及时进行鼓励。成功是一步一步走出来的，即使孩子一时失败了，也要相信他，不要让他过于自责，因为一定的自我反省可以让人得到发展，但如果过于自我苛责的话，非但不会发展，反而会让孩子消极。

股神巴菲特曾经这样总结他的商业经，"我和你没有什么差别。如果你一定要找一个差别，那可能就是我每天有机会做我最爱的工作。如果你要我给你忠告，这就是我能给你的最好忠告了。"比尔·盖茨和巴菲特总结的也是差不多，"每天清晨当我醒来的时候，都会为技术进步给人类生活带来的发展和改进而激动不已！"可见，保持积极的心态，对所做的事情充满喜爱之情，是避免心理疲劳的最有效办法。

因此，父母就要在平日的生活中多挖掘孩子的兴趣，让孩子对所做的事物充满喜爱之情，让他摆脱疲倦的状态重新燃放出活力，这是最重要的。对于学习来说，不以分数为衡量孩子价值的区别，不做横向比较，多做纵向比较，和孩子一起理好近期和远期的奋斗目标，这是父母最应该做的事。

总而言之，当你的孩子对事物感到厌倦时，不如就让他停下来歇一歇，告诉他"我们理解你""你做到现在已经很棒了，对自己的要求要符合你自己的实际情况，不要过分苛责自己""只要你尽了力,无论什么结果,对于我们来说都是最好的"让孩子感受到来自父母的关心、理解和关爱,这是解除他心理疲劳的最有效的办法。

及时去掉心理包袱,让孩子轻松前行

美国自然科学家、作家杜利奥曾经提出过这样一条心理定律,并将它命名为"杜利奥定律"——没有什么比失去热忱更可怕,一旦失去热忱,人便垂垂老矣。这条定律要说明的是,如果人的精神状态不佳,那么一切都将处于不佳状态。从根本上来讲,杜利奥定律要说的就是人与人之间其实只有极其微小的差距,可就是这微小的差距,却可能会导致人成功或失败。如果差距的属性是积极的,那么就是成功;如果差距的属性是消极的,那么就是失败。换句话说,成功与失败只在一线之间,而这条线,就是人的心态。

在宜男的记忆里,从来就只有他的爸爸和爷爷奶奶。由于妈妈的早亡,他从小就过着单亲家庭的生活。

每次看到同学朋友和爸爸妈妈一起合家欢乐的时候,他就由衷地感到羡慕,而且总是梦想着自己也能得到爸爸妈妈共同的呵护和关爱。但是,他也知道那是不可能实现的,所以上初中之后,他就越发地变得消沉,内向话少,很少和同学打闹,有意封闭自己,越来越孤僻。

他知道自己的梦想永远不可能实现了，所以就把寄托放到了高考上，一心要考出好成绩，考进理想的大学。可是，2年以前高考时，因为之前用脑过度又过于紧张，他在考场上出现了记忆空白，惊慌失措等症状。也正是因为这样，他落榜了。这一年的9月，当他看到昔日的同学纷纷进入大学校园时，不免开始感到深深的自卑。从此以后，宜男就患上了忧郁症，身体也越来越不好了。

情绪的作用是巨大的。对于孩子来说，孩子比大人拥有更敏感更脆弱的心灵，这在孩子青春期时体现得尤其明显。因为这个时期孩子的心理还没发育健全，还没有足够的应对能力，所以在面临挫折或是突发意外时，往往会有比较大的情绪浮动，表现为叛逆心理、易烦躁、情绪多变等。

孩子的心灵是很脆弱的，忧郁这个词常常在孩子的人生中作为一大阻碍，孩子会因为不同的事使情绪低落。父母是孩子最好的呵护者，也应是孩子最好的心理治疗师，因此要密切注意孩子的情绪发展状态。当孩子出现负面情绪时，要站在孩子的角度分析他的顾虑，及时帮他理清自己的情绪，去掉心里的包袱，让孩子步履轻盈地走过成长之路。

作为家长，当孩子出现负面情绪时，不能自乱了阵脚，要时刻保持冷静，理性地和孩子一起面对事物的利与弊，引导孩子回到正常状态上来。或是还可以帮助孩子发现有趣的事物以转移他的注意力。当孩子充满负面情绪时，他的注意力往往很难从当前这件干扰他心绪的事情上转换出来，所以父母不妨多让他出去和同学玩，或是发掘他的兴趣。最重要的是，要告诉你的孩子无论如何你都在他的身旁，让他感到自己不是孤立无援的，"没有什么问题解决不了""开心面对每一天"。积极的心态能战胜一切，让孩子获得心灵上的支撑。

小静家境优越，又是家中独女，所以从小就被家人报以很高的期望，她对自己的要求也很高，成绩一直很优秀，每次考试也是名列前茅。直到有一次期中考试前，小静因为感冒发烧没有复习好，所以那次考试不是很理想，为此小静一直闷闷不乐，不过她的父母并没有因这次考试责怪她，反而鼓励她下次加油。但是，从那以后，小静的心情再也没有像以前那么好了。为此，小静妈妈为女儿请了假，并和班主任谈论了小静的情况。班主任也发现，自从期中考试后，小静就开始沉默寡言。后来，小静好像封闭了自己，成绩下降，记忆力下降，人也不再开朗……

不被注视的失落感、失去自由玩耍的机会等，这些都有可能成为导致孩子抑郁的原因，会让孩子感到不快乐、忧郁和恐惧。如何让孩子摆脱这些负面情绪，甩开不必要的包袱，重新变得快乐起来，也是父母最需要注意的地方。

比较好的办法是，多鼓励、多倾听，让孩子用自己的方法减轻压力，比如大哭一场，或是通过运动来排解不良情绪。孩子不像成人那样善于运用倾诉的方法，所以有的时候他们并不能够有效地通过交谈来抒发缓解自己的负面情绪,或许是因为无法正确表述自己的意思,或许是因为觉得家长和自己有代沟无法说到一起去。这个时候,身为最关心孩子的父母,就要少说教多倾听,多从小细节处发现孩子的想法,听他说他的烦恼。即使孩子并不能完整地表达出他想说的意思,也能让他感到父母是能够理解他支持他的,这自然能缓解他心中的紧张情绪,产生安全感,减轻烦恼,及时从困扰中抽离出来。

坏情绪,不疏导就可能会"决堤"

可能有许多人都觉得孩子的哭声很让人心烦,不理解为什么孩子会为一丁点小事就哭。"哭"这个字,很显然是不被家长所喜欢的,只要孩子一哭,家长就会利用家长的身份命令孩子不要哭了。

很多幼儿园老师经常说一句话——"爱哭的孩子不是好孩子"来遏制孩子哭泣,很多家长也会用各种方法逗正在哭泣的孩子,转移他的注意力,让他停止哭泣,或是干脆直接大声呵斥命令他停止哭泣。孩子接收到大人的这些信号,就会认为所有的大人都不喜欢爱哭的孩子,自己如果总是哭泣的话就不会再得到人们的喜爱和认同。慢慢地,孩子就开始拼命忍住哭泣,时间久了,一些更麻烦的问题也就随之而来了。

人会有许多种情绪，诸如高兴、愤怒、不满、伤心、兴奋等。在这多种多样的情绪里，有些是积极的，对身体有好处；有些则是消极的，对身体有害。一旦某种对身体有害的消极情绪产生且没有立即释放，日积月累，长期的压抑就会造成情绪的堵塞。情绪的堵塞带来的效应是一连串的，如产生无力感、疲倦感，严重者甚至会出现胸闷气短、心脏疾患等病症。

为了避免孩子出现以上后果，父母就必须帮助孩子及时疏导消极情绪。在孩子还无法自如地控制自己的情绪的时候，帮他找到一个宣泄口，让消极情绪从这个口一起倒出去，让孩子保持身心的愉快与健康。

一天夜里，王女士突然接到一个电话，电话里的声音来自于一个陌生的小女孩，还没等王女士开口问对方是谁，那个女孩就开始说话了，"我讨厌他们！"

王女士觉得一头雾水，就问道："他们是谁？"

"同学，朋友，老师，父母。"

这个时候王女士已经确定对方是打错了，于是告诉女孩她不是她要找的人。

"同学不喜欢我，成绩出来后很差老师也不喜欢我，朋友和我疏远，父母也不知道我要说的意思，我讨厌死他们了！"

王女士不再说话，也没放下电话，静静地听女孩说着她的话，到最后，女孩放下电话前说了一句，"阿姨谢谢你，我只是想找个人说话，现在我心里舒服多了，谢谢你。"

例子中的女孩郁结却找不到人说出心里的感受，于是就随便打了个电话，恰巧打给了王女士。女孩在将心中的不快倾吐而出以后，郁闷的情绪也就得到了释放。

对于善于控制自己情绪的人来说，疏导情绪的方法有很多种，如听音乐、打篮球、与朋友倾诉等。但是对于孩子，当他不能和朋友或者父母完全表达自己的意思的时候，或是不能以写字的方式排解烦恼的时候，除了哭，还有什么办法呢？

孩子生下来在这个世界上第一件学会的事情就是哭，渴了会哭、饿了会哭、着急会哭、被他人吵醒了会哭，长大一点，被人欺负受了委屈同样还是会哭，哭完以后歇一歇，然后就忘掉这件事情继续开心地玩去了。但是，如果家长硬要孩子别哭，要孩子压抑着，那么他的坏情绪就没有出口，再加上年纪小的孩子也不懂得用其他方法排解，日子一长，他的情绪就会堵塞，然后就会在某一天、某一件事情的刺激下突然"决堤"，无法收场。

父母可以引导孩子多听音乐，在孩子学会写字以后让孩子把事情记下来，情感得到寄托，或者多带孩子出去游玩，让孩子身心得到放松，同时将所有不良的情绪通通释放出来。当然，一些孩子发脾气也并非是宣泄不良情绪，而是一种要挟。当他提出的要求不能得到满足时，他便会发脾气，比如摔东西、在地上打滚等。这个时候，如果父母因为害怕伤害到孩子而一味地迁就，就会助长他的气焰，让他学会以这种方式要挟家长，这对孩子的成长就极为不利了。所以，一旦孩子出现了这种要挟式的行为，父母就要记得采取"冷处理",任由他发脾气大吵大闹。等到他冷静下来之后,就要及时纠正他的错误,告诉他发泄情绪可以,但要用正确的方式。

孩子和成年人一样,都需要给坏情绪一个出口,从而保持健康的心境。未成年的孩子并不太懂得如何处理自己的情绪,他们继续在成人的帮助下逐渐建立自己的一套正确的发泄情绪的方法,而父母则是孩子最好的帮助者。充分理解孩子,给孩子的坏情绪找一个出口,让它得以释放,与此同时多告诉孩子一些处理情绪的方法,就是对孩子最好的支持与帮助。

让孩子在涂画中发泄情绪

"晨晨,你画的是什么?"

"画的是房子。"

"这是谁家的房子?"

"圆圆家的。"

"他们家的房子为什么是黑色的?"

"是啊,就是黑漆漆的。"

"啊,为什么他们家的房子突然起火了!"

只见晨晨拿着一只红色的水笔把画面全都涂满,一片大火烧得激烈。

这是一个妈妈和孩子的对话。因为晨晨妈妈和晨晨爸爸经常忙得照顾不了他，而晨晨本身又比较内向，在学校经常被圆圆欺负，所以这次偶然的绘画机会让晨晨找到了一个发泄心里情绪的方式。晨晨妈妈没有弄懂晨晨这幅图画的意思，所以很吃惊。

父母要弄懂孩子的这些绘画意思，就应该结合孩子的行为、语言、心情，来解答这些图案背后的意义。孩子画画的时候会把情绪带进去，这些并不仅仅是孩子们随意涂鸦的图案，而是真真切切表达了他们内心的反映。父母只要注意到了这些图案，便能理解孩子所要表达的意思。

孩子的图画就是和这个成人世界交流的渠道，正如心理学家戴维·奥尔森所说，"儿童涂鸦没有一幅画是无意而为。"孩子会在画图的过程中倾注自己的情绪，这是孩子表现自我认识，自我感受的主要方式。了解孩子笔下图案的意义，有助于父母更加深层次地了解孩子内心所想，从而更准确地引导孩子走出情绪的困境。不过需要注意的是，对于孩子的图画，父母要客观对待，切勿以自己的个人主观臆想判断。

如果孩子画了一个圆圈，那么可能代表此时的孩子很孤独，缺乏安全感。如果画了很多圆圈，那么可能表示孩子心情不好，很犹豫，感到了郁结。孩子在3～4岁这一时期容易进入到一个"圆形符号期"，这个时候的孩子会用圆形和一些简单的线条来表达一切事物，画面往往很抽象，所以家长也要注意加以区别。

如果孩子画了一朵花，花上面被一颗大大的太阳照耀着，父母不要被表面的讯号所误导，以为孩子所要表达的意思是阳光乐观，其实，这可能代表着孩子脆弱的一面，孩子的想象力很丰富，同时又十分渴望像花朵一样被阳光的温暖包围。

如果孩子画的太阳是黑色的，那么可能说明孩子此时感到压抑。

如果孩子画了格子，可能代表了犹豫，遇到了困难不知所措，犹豫不决，父母发现了应该及时引导孩子做出正确的决定，不要压抑到孩子。

如果孩子画的是箭头，箭头有尖尖的角，像是英雄手上的矛，可能代表着愿望或者带有侵略性的愿望，指向方向不同则含义也有变化，高处代表他人，低处则代表自己，左边指向过去，右边预示着未来。

如果孩子画的是星星，星星在天空一闪一闪的，散发着自己的独特的光芒，代表着孩子想要展现自己的时刻到了。父母可以在这个时候引导孩子自然而然地展现出自己的才能，让孩子更有自信面对未来。

如果孩子画的是很有棱角的方形或者是三角形，那么这样的孩子一般都会很有自己的主意，棱角越是鲜明就代表这个孩子做事越有自己的一套方案，也越不容易听从别人的指挥。

如果你的孩子体质较弱，不爱和小朋友们一起玩，经常表现出孤独的情绪，而且他也不愿意和你交流，那么就给他一只画笔吧！让他通过笔下的图案将不良的情绪，特别是愤怒、抑郁、无助发泄出来。此外，父母还可以在生活中多引导发现不同的美丽的色彩，比如树上的小鸟，花园里千姿百态的花朵，超市里堆放在一起的香气四溢的各种水果等，将它们一一画出来。这样可以让孩子多看到这个世界的美好，同时将美好的心情记录下来，从而培养出孩子善于观察的眼睛和良好的心境，可谓是一举两得。

积极暗示，让孩子摆脱坏心理

心理学家巴甫洛夫认为，暗示是人类最简单、最典型的条件反射。所谓心理暗示，是指人接受到人的愿望、观念、情绪、态度等影响的心理特点。

心理暗示会对人产生强大的力量。在心理学上有一个著名的实验，实验者在接受实验者的手臂上纷纷放了一块试纸，并告诉他们这是一张有特殊功效的试纸，能让试纸所接触地方的皮肤变红变热。10分钟后，实验者把他们手臂上的试纸解了下来，一看，果然发红并且也变热了。其实，这只是一张普通的纸，是接受实验者的心理暗示让皮肤发生了变化。

同样，心理暗示对于培养孩子的性格、学习和生活习惯以及意志品质方面也有很重要的作用。这些作用有积极的，也有消极的。积极的心理暗示往往比说服教育还好，能融洽父母与孩子之间的关系，含蓄又委婉，有利于孩子在无形中养成良好的性格和心态，帮助孩子往好的方向发展，在积极暗示下成长起来的孩子心智发展也更全面，品格也更优秀。消极的暗示则是孩子心灵的腐蚀剂，让孩子情绪低落，产生自卑和自弃的心理，让孩子脆弱而娇气，很容易被困难打倒且一蹶不振。

有一天幼儿园放学，蓉蓉和乐乐一起下课牵手出了校门，站在校门对面的蓉蓉的妈妈和乐乐的外婆，一起等着他们。

两个孩子手拉着手，蹦蹦跳跳地朝着妈妈和外婆的方向跑过去，可是一不留神，砰的一声，蓉蓉摔倒在了地上，乐乐被她顺势拉了下去，也摔在了蓉蓉的身边。

两个孩子开始还没哭，完全没什么反应，只愣愣地看着妈妈和外婆焦急地向这边跑来。

蓉蓉妈妈一把把蓉蓉抱在怀里，问，"宝贝摔疼了吧？痛不痛？"蓉蓉听到妈妈的安慰，眼泪哗地掉了下来，特别委屈地哭了起来。

这个时候，乐乐外婆也把乐乐拉了起来，拍了拍乐乐说，"没有什么，宝宝一用力就可以起来了，外婆带你去看看那边是不是有好玩的。"于是乐乐立刻乐颠颠地起来，安慰了一会儿蓉蓉，跟着外婆乐颠颠地走了。

其实刚开始蓉蓉和乐乐都没哭，蓉蓉妈妈的话暗示蓉蓉自己摔倒了是很疼的，于是就开始哭。但是乐乐外婆暗示乐乐摔倒也没有什么，所以他很快忘记了摔倒的疼痛。同样是摔跤，不同的心理暗示带来的效果是截然不同的。

每天，孩子都能接收到不同的暗示，这些暗示可以从身体、眼神、神态等各个角度传达给孩子。有调查表明，几乎90%在品质、意识和智力方面有杰出表现的人，在自己的童年或少年时期都受到过来自亲人的积极的暗示，最多来自母亲，有的来自父亲、老师、祖父母等。而在这所有的暗示中，来自妈妈的暗示是孩子健康成长的关键，因此妈妈平时就要特别注意给孩子积极的暗示，让孩子保持乐观积极的心态，从而有助于他身心的健康发展。

给予孩子积极的暗示，最重要的就是要注意平时与孩子交流中说话的方式，同一个意思用不同的句子说出来，效果可能就会截然不同。例如，当你想让孩子变得更独立，就要告诉他独立的种种好处，而不能说"如果你不独立，爸爸妈妈就不要你了"这一类话来刺激孩子。如果你想让孩子不怕黑，那么可以给孩子讲关于黑夜的美丽故事，黑夜里，星星们在悄悄地说话，花儿们也在静静地绽放，让孩子心生向往，从而不再怕黑，而不是给孩子讲关于黑夜的可怕，那样只会令孩子更加消极。

积极的暗示在潜移默化中影响着孩子稚嫩的心灵。称职的父母有责任和义务将积极心态、积极情绪传递给孩子，牵引着孩子朝着健康、积极向上的成长之路前进。

给孩子一个专属的宣泄空间

曾有心理学家做过一项实验,得出过这样一个结论:当两个个体之间挨得太近,那么个体之间就会产生拥挤等不舒适的感觉,因为这两个个体之间打破了原来所占领域的平衡,进而影响正常的活动。这被心理学家称为"个人空间定律"。

后来,有人为验证这一定律又进行了另外一项实验:在一个房间里安排了超过这个房间所能容纳的人数,于是里面的人会感到十分拥挤。这时,如果有个陌生人进来,就会被房间里的人仇视,男性甚至会对这个新来者表现出攻击倾向,房间里的人的焦虑指数也会越来越高。

"个人空间定律"和后面的这个实验可以归纳为一句我们常说的话——距离产生美。想象一下,如果一群刺猬为了取暖而抱在一起,会感到暖和么?

某知名女演员曾经在节目里说:"我很希望自己的房间成为能哭的地方,仅仅是在心情不好时,或者于己不利时有一个避难的场所。"

心理学研究表明,只有当一个人的个人空间不被侵犯,个人的隐私得到尊重,心境才能平和,才能对周围的人和事感到安全。而当一个人的独立区域被外来力量强势侵入,则会表现得不安、焦虑、对事物戒备甚至驱逐。

总有些父母打着"为孩子好"的幌子对孩子的个人空间多加干涉，会对自己不赞同的行为一顿呵斥，殊不知这会让孩子的心情雪上加霜。或许孩子只是需要一个放松的空间，但是因为父母的干涉就会变得闷闷不乐，心情沉郁。与此同时，他们还可能会因为对父母的"不爽"情绪而拒绝与之沟通，将父母拒绝在心灵的门户之外，这对孩子的心灵发展实在是没什么好处。

小春一直是个听话的孩子，家里长辈邻居都夸她是个好孩子，可是有一次这样一个好孩子却和妈妈发生了争执。原来，小春妈妈给小春整理房间的时候，没有经过她的同意就把她很喜欢的一个玩具娃娃给扔了。小春很生气，"你为什么要进我的房间，不经过我同意就把娃娃给扔了？"小春妈妈见到女儿这个态度也是气恼不已，"我辛辛苦苦给你整理房间，还被你这样说。"一气之下也不管小春了，母女之间因为这件事斗了好长时间的气。

父母和孩子是这个世界上最亲密的人，可是即使如此，父母和孩子之间也是需要"距离"的。很多父母会以担心孩子为由对孩子的个人区域抱有不重视的态度，随意翻看孩子的日记本，或者不经孩子的同意扔掉孩子的东西，孩子就会感到不被尊重而产生消极情绪。家长会常常告诉孩子不要随便翻看自己的东西，因为那很重要，但为什么不换位思考一下，有些东西对于孩子来说，也是只能自己一个人知道的宝贝呢？

要知道，孩子作为一个独立的个体，也是需要自己的空间的。

这个空间不仅仅代表独立的个人房间，更是能让自己安心学习、玩耍的空间，不被强加的意志，可以自己独立的选择。孩子在这个只属于自己的地方，想画画、学习、写字，都能出于自愿。他们可能会想把今天刚刚学过的歌曲再在脑海里演习一遍，或是想把作业留在跳一支舞蹈之后再做，做什么以及何时做都在于自己的选择。能够发出主动性的行为，比被家长强迫的干涉做一件事，效率自然要高得多，孩子得到的益处也多得多。

阳阳每天完成作业后，剩下的时间就是自己的了，这个时候妈妈会让他自己选择做一些事情，或是待在房间里玩飞机模型，或是到附近公园里和小朋友们一起玩老鹰捉小鸡。有的时候还会发一会儿呆。

妈妈不会干涉他，只是告诉他出去玩的话要早点回家，偶尔会引导他。

所以，阳阳从小就很能为自己做决定，阳阳妈妈也很欣慰。

给孩子一个充分独立自由的空间，让它成为孩子的宣泄空间。孩子可以在这个空间里大叫、乱跑，即使是父母也不会来多加指责，这会让孩子感到安全，一旦情绪得到宣泄，那么孩子便能自然而然地回归到正常轨道上来。

当然，宣泄空间对于孩子的很多问题是有效的，但是一旦遇到在这个宣泄空间里也不能解决的问题时，父母就要和孩子及时沟通，告诉你的孩子怎样正确控制自己的情绪，在以后遇到同类事情的时候，怎样有效快捷地解决它。

爱能让孩子从沮丧中重生

如果家长总是对孩子提出过高要求，孩子又因为本身的原因不能达到的话，那么家长就可能会说出一些严厉的话来教育孩子，比如"你怎么这么笨，连这个都做不好""你看看隔壁家的孩子，他比你好多了""这题这么简单"，等等。孩子的心灵本就是脆弱的，他们也希望能做好一件事，但是一旦某件事情没能做好，没有达到家长的标准，被家长苛责的话，这就无异于往他们脆弱的心灵伤口上撒盐，会令他们对自己产生怀疑，变得沮丧不得志。心理学研究表明，当一个人长期处于挫折和失败所带来的不良情绪时，会产生绝望的感受从而对人生失去信心。

著名心理学家马丁·塞利格曼和梅尔做过针对以上现象的一个实验，他们将一只狗取来放进笼子里，笼子放一块隔板，这个笼子的一端由金属制作，所以一通电后，就会引起电击反应。但是只要狗越过隔板就能避开。

他们把这只狗安置在金属的一边，只要一通电，狗就跳过隔板跑到不是金属的一端，开始几次如此反复，又一次通电时，他们把狗约束住不让它跳过，狗挣脱几次都挣脱不了只好在原地痛苦呻吟，后来，心理学家把约束解除不再约束狗的行为，可这时的狗已不像先前那样会跳过隔板，还是停留在原地痛苦不堪直到电击解除。

狗在多次电击无法逃脱之后产生消极反应，进而感到绝望，对可以生存的机会毫无反应，这种现象在心理学上就被称为"习得性无助"。这个实验推及于人，也得到了类似的效果：当一个人对某个事件多次努力但是都失败后，那么他就会停止尝试。如果这种情形出现得太过频繁，那么就会产生对凡事都无能为力的消极心理。

孩子也会如此。如果经常要面对现实对他的一次又一次的否定，那么他很容易会产生自责、自卑、无助和退缩心理，最终导致他习惯于失败，无法走出失败的圈子。当孩子在学习和生活中只能得到习得性无助，会对孩子的成长起到负面的影响。

王兰如愿以偿地进入了一所重点小学，这让她很高兴，学习也很刻苦，但是慢慢地，她发现比她刻苦的不少，成绩比她优秀的更是很多，这让以前一直是班上顶尖学生的王兰压力很大。于是在一次考试中，王兰只在班上排到了中等名次，还有她最得意的数学也只得了个刚刚及格的分数。这让王兰非常沮丧。

她没有放弃，继续努力。可是又一次摸底考试分数下来时，她的名次竟然又下滑了10名，这让王兰的自信心很受打击，班主任叫她去了办公室，严厉地批评了她，她觉得自己很委屈，即使努力了也不能成功，未来变得十分渺茫，自那以后，尽管王兰还是在努力，但是成绩依然在下降。以前的辉煌已经成了遥远的过去。

后来每次班主任找她谈话，她都只回答"我不行"，渐渐地，这三个字成为王兰的口头禅，作业也经常不做，上课不专心听课，放学也不再复习当天所上的科目。

缺少表扬的孩子会对自己缺乏自信心，从而对自己能做到的事产生畏惧心理，然后退缩，变得不再主动地做一件事，长此以往甚至会产生一种对一切都漠不关心的态度，对自己失去信心，对生活失去斗志。

漠视和责备可以让孩子在沮丧中沉沦，而爱则能让孩子从沮丧中重生。因此，要避免孩子产生习得性无助，最好的方法就是家人多给予理解和关心。当孩子遭遇失败或挫折时，父母无论如何都不应去指责孩子，而是应当给予爱和鼓励，肯定孩子做得对的地方，给予他积极的评价。

父母要给予孩子积极的评价，这不单是关于孩子的学习，还要在孩子的各个方面。比如，孩子今天体育课跳高跳出了一个新高度，这在以前孩子是做不到的，就要及时告诉他这非常棒，让孩子感受到父母的爱，并且让父母的情感围绕在他身边。给孩子营造一个充满安慰，适宜鼓励的环境，让孩子觉得不孤单。

俯身看看孩子的眼睛吧！让孩子不用再仰望你的目光，"加油你可以的""做得很好"这些亲切的语言则能让孩子备受鼓励，让孩子相信自己是可以做到的。创立一个轻松自在的环境，善于发现孩子的闪光点，对孩子进行积极的评价，让孩子在充满爱的环境中自如发展，这是每个称职的父母都应该做到的事情。

开心的父母才有快乐的孩子

对每个父母来说，让孩子生活得幸福快乐，让孩子时刻感受到自己被爱和快乐所包围，是宁愿倾自己所有也愿意为孩子实现的。从某些方面来讲，孩子的幸福就是为人父母的幸福，当你忙碌一天回家，看到孩子那张洋溢着快乐阳光的脸时，便会觉得再辛苦也值得。

如何才能让孩子体会到幸福快乐呢？父母永远都是孩子的典范，一个懂得营造家庭轻松气氛，让家里充满温馨，懂得如何让生活轻松而快乐的父母，对于孩子的成长中所起的作用是老师或者孩子周围任何其他人都替代不了的。美国作家杜利奥曾说过，只有开心的父母，才有快乐的孩子。

金金是一名小学生，学习成绩优秀，还弹得一手好钢琴，同学们都很羡慕他有一个作曲家爸爸。可是金金却一直闷闷不乐的。有一次，金金去同学家里玩，这个同学家里条件没有自己家里好，但是家庭很温馨。回家的时候，金金拉着同学妈妈的手说："阿姨，我真想住在你们家！"原来金金的爸爸总是忙于自己的工作，由于工作的特殊，爸爸的眉头总是拧得紧紧的，每当缺乏灵感他更是会大发雷霆。这种情况下，金金的妈妈总是一声不吭地躲进房间抹眼泪。

对于孩子来说，家庭是可以避风的港湾，即使受到再多伤害，只要一回到家，就能重获安全了。在一个幸福快乐的家庭里成长起来的孩子，比那些在不幸家庭里的孩子要幸福得多，因为他们从小被快乐的氛围所熏陶，自然就会有乐观的性格，遇到事情能以乐观的心态看待并积极地想办法去解决，而不是消极的逃避或者听之任之。

孩子的情绪很容易受到大人的影响。做一个快乐的父母，比做一个为了孩子而放弃了自己的快乐的父母，为孩子带来的幸福要更加的长久。有些父母省吃俭用一生，为孩子牺牲太多，每天很少有余力去开拓自己的兴趣，这也相当于放弃了自己的一部分快乐。每个人都有自己的精神世界，放弃了自己兴趣和快乐的父母无形中就会将自己放弃的东西寄托在孩子身上，这样一来免不了会为孩子带来压力。试想，一个背负了巨大压力，且生活在没有欢声笑语的家庭里的孩子，又怎么能感受到快乐呢？

小林在和朋友的一次聊天中，回忆起了年幼时爸爸妈妈为了节省从未吃过一顿好的，从未穿过一件好衣服，感慨不已。于是，他下定决心："一定要舍得为自己花钱，平时多出去玩玩，和朋友到处逛逛，要让自己开心，不要想着为孩子省钱而放弃了自己的快乐。即使你已为人父母，也有享受自己生活的快乐的权力。"

小林的一位朋友对此也深感认同。她的妈妈是一位永远懂得如何追求自己的生活目标的人，"每次想到她，我就可以全身都充满活力去追求自己的目标，战胜困难。"

只有自己先感到快乐,才能带给别人快乐。只有家长自己心灵得到充实以后,才会由内而外发出乐观积极的心态,并将这种乐观积极的心态传递给孩子。拥有物质上的一切并不代表快乐,真正的快乐是极易感染到他人,让他人从心里感到温暖和快乐的。营造和谐快乐的家庭氛围,将自己的快乐传递给孩子,就能让孩子更快乐。

要营造和乐的家庭气氛,父母不妨偶尔制造一些意外的惊喜。比如,圣诞节的时候给自己戴一顶圣诞帽,然后在孩子的鼻子上放一只红红的麋鹿鼻子,让他觉得很滑稽也很快乐。再比如,休息日带着孩子出门踏踏青,多接触大自然,给孩子一个可以接触新鲜事物的机会,培养他开朗豁达的心境。

有这样一个说法,"一个人一天需要 4 次拥抱才能存活,8 次拥抱才能维持,16 次拥抱才能成长。"当你心情愉悦的时候,就不要吝啬表达你的快乐心情,不妨笑出声来。有的家长为了保持威严,经常在孩子面前摆出一副严肃的形象,殊不知那只会让孩子不再敢与你接近,而笑声则能让你与孩子的距离更加贴近。父母们,不妨多笑一笑,在有益自己身心的同时,也能让孩子得到快乐。

第七章

孩子的成长需要家长积极的期望

给孩子积极的期望,孩子就会朝积极的方向改进

儿子上幼儿园了,妈妈第一次参加家长会。会后,老师跟她说:"我们怀疑你的儿子有多动症,在板凳上连3分钟都坐不了,你最好带他去医院检查一下。"

回家的路上,妈妈一直在思忖该怎样对孩子说。吃晚饭时,儿子问妈妈:"妈妈,老师表扬我了吗?"妈妈说:"老师表扬你了,说宝宝原来在板凳上坐不了1分钟,现在能坐3分钟了。全班只有宝宝进步了。"那天晚上,儿子竟然吃了两碗米饭,并且没让她喂。

儿子上小学了,又一次开家长会,老师对妈妈说:"全班50名同学,这次考试,你儿子排第48名。我们怀疑他有学习障碍,你最好带他去医院查一查。"

回家的路上,妈妈哭了。然而,当她回到家里,却对正在做作业的儿子说:"老师对你充满信心,他说你很聪明,只要能细心些,就会超过你的同桌。"第二天上学时,儿子去得比平时早。

孩子上初中了,又一次家长会上,妈妈等着老师点儿子的名

字。然而，这次老师告诉她："按你儿子现在的成绩，考重点高中有点危险。"

妈妈怀着惊喜的心情走出校门，此时，她发现儿子在校门口等她，路上妈妈扶着儿子的肩膀，心里有一种说不出的甜蜜，她告诉儿子："你的老师对你非常满意，他说了，只要你努力，很有希望考上重点高中。"

高考过后，儿子被清华大学录取了。儿子从学校回来，把一封印有清华大学招生办公室的特快专递交到妈妈的手里，突然边哭边说："妈妈，我知道我不是个聪明的孩子，可是，这个世界上只有你能欣赏我……尽管那是骗我的话……"

这个故事正好印证了心理学上的皮格马利翁效应，即热切的期望有可能使被期望者达到期望者的要求。所谓热切的期望是指积极正确的期望暗示，父母对孩子的积极期待能够使孩子的状态随之发生变化，由消极转为积极进取，由自卑转为乐观自信，从而向好的方向发展。例如，大发明家爱迪生小时候，只上了3个月学就被学校开除了，老师说他太笨了，但爱迪生妈妈坚信自己的孩子并不笨。她对爱迪生说："你肯定比别人聪明，我对此坚信不疑，所以你一定要坚持读书。"在妈妈的鼓励下，爱迪生刻苦攻读，长大后，终于成了大发明家。

在现实生活中，我们经常能看到期望成真的奇迹。那么，这种神奇作用是如何发生的呢？心理学家经过研究认为，这是通过对对方的暗示作用实现的。暗示是指在无对抗条件下，用某种间接的方法对人们的心理和行为产生影响,从而使人们按照一定的方式行动或接受一定的意见、思想。暗示的结果会使一个人发生改变,甚至是很巨大的改变。大人的期望会对孩子的成长产生巨大的影响,父母或老师以积极的态度期望孩子,孩子就可能朝着积极的方向改进;相反地,如果对孩子存在着偏见,孩子就会缺乏自知和自控能力。

很多闻名世界的伟人,就是在家长的积极期望中成就人生的。

世界三大男高音歌唱家之一的帕瓦罗蒂也是在家人的期望中取得成功的。帕瓦罗蒂还是个孩子的时候,祖母就常常把他抱在膝上对他说:"你将成为一个了不起的人物,你不久就会明白的。"父亲也说他唱歌很有潜力。于是,在家人的支持和期望中,帕瓦罗蒂走上了舞台,并实现了祖母的期望。关于这点,成名后的帕瓦罗蒂曾说:"如果我不听父亲和祖母的话,我就永远不会站在舞台上。不错,我的老师培养训练了我,但没有一位老师对我说我会成名。只有我的祖母,只有祖母那句话激励了我。"

人在一种良好的期望中生活,经常听到的是期望的语言,就会变得非常自信,这时候心理、生理上会调整到一个最积极、最活跃的状态,真的能如自己所期望的那样达到一个个目标。因此,每位父母对孩子都要有一个好的期望,而且要透过言谈举止让孩子感到你的期望。多说"这次有了进步,一定要继续加油!"之类激励的话,多拍拍孩子的肩膀给他鼓劲,这些积极的外部信息能使孩子看到自己的进步，肯定自己，激发出蕴藏于自身的巨大潜能。

把赏识当成孩子生命中的一种需要

中国伟大的教育家陶行知先生曾深刻地指出："教育孩子的全部秘密在于相信孩子和解放孩子。"相信孩子、解放孩子，首先要欣赏孩子，没有欣赏就没有教育。

欣赏和鼓励可以说是每一个人的自然需求。假设你今天在公司认认真真地做了一份策划书，被同事大加赞扬一番，你会怎么想呢？会不会感到很欣慰："我的努力没有白费。"假设你今天烧了一桌可口的饭菜，丈夫、孩子吃完后满意地说："嗯，今天的菜做得真好吃！"你会不会心里特别高兴，下次还兴致勃勃地为大家做上一大桌的好饭菜。其实，孩子也一样，他们也很需要父母的欣赏和认可。谁能总是受着批评、指责、埋怨仍保持喜气洋洋、斗志昂扬呢？而孩子幼小的心灵就更需要赞扬和鼓励了，鼓励能使孩子信心高涨，更加努力，就像托马斯说过的那样："有时候，及时有力的鼓励是对孩子最好的帮助。"

成功学大师拿破仑·希尔从小曾经被认为是一个坏孩子。母牛走失了、树莫名其妙被砍倒了等诸如此类的坏事，人们都认定是他做的，甚至父亲和哥哥都认为他很坏。人们都认为母亲死了，没有人管教是希尔变坏的主要原因。既然大家都这么认为，他也就无所谓了。

直到有一天父亲再婚。当继母站在希尔面前时，希尔像枪杆一样站得笔直，双手交叉在胸前，冷漠地瞪着她，一丝欢迎的意思也没有。

"这就是拿破仑，全家最坏的孩子。"父亲这样介绍道。而他的继母则把手放在希尔的肩上，看着他，眼里闪烁着光芒。"最坏的孩子？一点也不，他是全家最聪明的孩子，我们要把他的本性诱导出来。"

继母造就了希尔，他一辈子也忘不了继母把手放在他肩上的那一刻。赏识孩子，是一道神奇的魔法，往往会带来意想不到的惊喜。

会赏识的父母需要抛弃一个观念，那就是"我的孩子还不够好"。很多父母对孩子的期望很高，已经超过了孩子年龄段应有的能力，所以他们表现得一般时，父母就会觉得孩子很差劲，或者没有什么天赋，便会出言批评他们。三年级以下的孩子写作文的能力都很一般，这时候如果大人觉得"你写的还没有我好呢"，孩子的自信心和积极性就会受到影响，甚至不愿意写作文、害怕作文考试。

如果我们拿着孩子的昨天和今天比较，多看看孩子的进步，就能找到一些孩子的优点、进步来鼓励他。

"我发现你说话越来越有条理了""你讲的故事真有趣"等，

这样一些具体的表扬和赏识能帮助孩子建立信心。或者，父母在和孩子交流的时候，表现出对孩子的欣赏，他们也能拥有"成就感"，有成就感的人就容易对自己产生信心，有信心的人就能爆发出更多的潜能。

总之，懂得赏识和赞美的父母，才能给予孩子及时的鼓励和赞美，获得赞美的孩子才会一点点做得更好，才能一步步在赏识中走向美好的未来。

正确的赏识是激发孩子潜能的良药

比尔·盖茨之所以取得如此瞩目的成绩，并不是偶然的，这跟他的母亲玛丽的赏识教育有着密切的关系。

他的母亲从小就注重并给予盖茨科学的家庭教育。当盖茨三四岁时，玛丽外出总是把他带在身边，有意对他进行文化熏陶。当她在学校里向学生讲解西雅图的历史和博物馆的情况时，盖茨总是坐在教室最前面，虽然盖茨是个好动的孩子，但在教室里他表现得比其他学生还要专注、认真。对此，玛丽时常给予表扬，这也使盖茨逐渐学会了专注和认真。

盖茨要升初中的时候，因为个头很小，又生性腼腆，学习兴趣与六年级的同龄孩子迥然不同。这时，玛丽决定送他到一所叫湖滨中学的私立中学就读。在这所学校，盖茨第一次接触到电脑便产生了浓厚的兴趣。

玛丽十分有远见，她十分赏识盖茨对电脑的兴趣，鼓励并帮助盖茨了解这种很有前途的新事物，还凑钱给盖茨买了一台计算机。比尔·盖茨很快就迷上了计算机，最终成为计算机软件业的霸主。

一位哲人曾经说过这样的话："人的精神生命中最本质的要求就是渴望得到赏识。"对孩子来说，训斥只会压抑幼小的心灵；只有赏识他们，才能开发出潜能。父母对孩子进行适当的赏识很有必要，赏识的奥秘在于让孩子觉醒，觉得自己与众不同，更容易催生自信的人格。学会赏识自己的孩子，这对孩子的心理健康发展十分有利。但是与此同时父母也要注意不要对孩子的赏识过了头。

周弘是我国著名的教育专家，他的女儿周婷婷原本是个双耳全聋的残疾人，但是周弘用20余年的时间倾其心血不断鼓励女儿，让婷婷觉得自己并不差，反而比其他的孩子优秀很多，周婷婷最终成为留美博士生。周弘探索出了赏识教育这一理念，不仅使自己的孩子受益，而且改变了千千万万家庭的命运。

周弘指出，赏识教育的奥秘是让孩子觉醒。他认为，从生命科学的角度看，每一个孩子都拥有巨大的潜能，但孩子诞生时都很弱小，好像生活在一个巨人的世界里。在他们成长过程中，难免有自卑情结。这时就需要父母的赏识教育了。让孩子知道父母对他的认可和关注，可以快速抚平孩子心灵中自卑的痛点，让孩子总是觉得自己比其他的孩子有优越感,促使其心理朝着良好健康的方向发展。

奥地利著名心理学家阿德勒也透露过他在念书时,认为自己完全缺乏数学才能,对数学毫无兴趣,因此考试经常不及格。后来偶然发生的一件事,让他的潜能开发出来了。他出乎意料地解出了一道连老师也不会做的数学难题,这次的成功改变了他对数学的态度,他找到了数学天才的感觉,而且觉得自己天生就应该是个数学天才。在老师和家长的赏识中,他重新树立了自信,并成为学校里的数学尖子。因此说,赏识教育的奥秘就是让孩子觉醒,让孩子自觉地发现自己的潜能。

哈佛心理学家做过这样的实验:

有两组男孩,先让他们一起长跑消耗体能,然后一组接受严厉的批评,另一组得到热烈的称赞,随之进行体能检测发现,被批评的那组孩子无精打采,体能处于崩溃状态;而被表扬的那组孩子精力旺盛,体能得到迅速恢复,充满自信。

因此,心理学家告诉父母们:父母在教育孩子时应多给孩子一些适当的赏识,学会赏识、赞美你的孩子,这对孩子的心理发展十分有利。让孩子知道父母对他们的关注和认可,既能快速抚平孩子身体上的创伤,也能促使孩子的心理朝良好健康的方向发展。

适当的赏识、鼓励是必要的,但父母也要注意切勿对孩子赏识过了头。一个人如果受到的赞美太多,心理便会膨胀,就会找不准自己的定位,从而也就不知道自己的言行是否符合一定的社会道德规范，这样的人在人格上往往是不完善、不成熟的，心理上也会十分脆弱，经不起生活中的风雨与挫折。一个人的成长是需要经历一些磨难的，只有经历磨难并且能够从磨难中铸就刚强性格的人，才能适应未来的生活。

所以，没有种不好的庄稼，只有不会种庄稼的农民；没有教不好的孩子，只有不会教的父母。赏识教育的本质是生命的教育，是爱的教育，是充满人情味、富有生命力的教育。孩子的成长需要父母的赏识，更需要父母正确的赏识。

对孩子的积极期望要循序渐进

有一个上小学六年级的男孩，每天睡懒觉，7点才起床。总是急匆匆吃过早饭，骑上单车飞奔到学校。他爸爸强迫他必须每天早晨5点30分起床，6点开始读英语。孩子听到一下子提前了一个半小时，心里很不是滋味，他难以接受爸爸的这个决定。妈妈出面调停，才允许他6点15分起床。他这才痛快地答应。半个月后，妈妈又让他提前15分钟起床，他又同意了。就这样，妈妈一步步提高对他的要求，2个月后，他就能在5点30分起床了。

同样是这个男孩，平时考试成绩总是名落榜尾。有一次他考试成绩有进步，名次跃居班里中等偏下。他爸爸妈妈知道了以后，心花怒放。爸爸兴奋地对儿子说:"这次进步真大,爸爸为你骄傲。下次考试一定要进全班前 5 名。"

儿子听了爸爸鼓励的话,不但没有半点喜悦,而且还一副心事重重的样子。他整天唉声叹气,他想自己在这么短的时间里,就是不吃不喝,使出全身解数,也不一定能考到前 5 名啊!

妈妈看出了他的心事,私下里对他说:"好儿子,下次只要比现在有进步,达到中等就可以了。"男孩听了妈妈的话,感到心里的一块石头落地了。他每天都很开心地听课,学习。半年后,竟然超出了妈妈的预期,达到了中等偏上的水平。

望子成龙,望女成凤是家长的共同心理,家长一开始都对孩子充满了积极的期望,但是有些积极期望却不能实现,甚至把孩子推向深渊。这是为什么呢?原因在于有些家长太过心急或者过于严厉,用孩子短期内难以企及的目标阻碍了孩子的发展,并挫败了孩子的积极性和自信心。正如上述事例中的爸爸,他不切实际地给孩子定目标,不但无法推进孩子,反而深深伤害了孩子的心灵,幸好有通情达理的妈妈,孩子才能从超负荷的压力中缓解出来,以振奋的心态去争取可能的进步,一步步实现了一个又一个预言。

心理学上有一个名词:自我实现的预言。意思是说,如果你相信自己行,你最后就能行。比如算命的说你命中有财,虽然碰到困难,但最终必然成功。你听到这番话,自信心顿增,不断克服前行的困难,最终真的验证了"命中有财"这个预言。

不是所有的预言都能成真，只有那些合理的梦想才能成真。

所谓合理的梦想，也就是指那种"跳一跳，够得着"的目标。这样的目标才最具有吸引力，人们才会以高度的热情去追求它。

比如打篮球，如果对着两层楼高的篮球架子，几乎谁也别想把球投进篮圈，也就不会有人去做那犯傻的事。这么高的目标使人们失去了兴趣。但是如果篮球架跟一个人差不多高，谁都能够毫不费力地"百发百中"，大家恐怕也会觉得没啥意思。正是由于现在这个"跳一跳，够得着"的高度，才使得篮球成为一个世界性的体育项目，也使得许多爱好者乐此不疲。

同样，如果父母为孩子定的目标太高，或是孩子对自己的要求太高，孩子不但会失去动力，反而会平添一些不必要的压力。

日本有一个长跑世界冠军，他胜出的秘诀是分解大目标。比赛前，他会先视察整个路程，把路程中有特点的标志物在心中记下来，作为他长跑中的小目标。找到这样若干个小目标后，在比赛中，他一开始跑，就想着要达到第一个目标，等达到了第一个目标，他就想着要达到第二个目标……这样，他把长距离的路程分成了若干段比较短的路程，心理上就不那么觉得有压力了。

父母在对孩子进行积极的期望时，需要注意的是，不要给孩子施加过大的心理压力。抛弃那些瞬间改变孩子的想法，将一个适度的良性期待融入孩子的整个成长过程中。

批评是扼杀天才的行为

一个上小学六年级的学生在日记中这样写道：

"今天，我的好朋友敏敏来找我出去玩，正碰上妈妈大发雷霆地教训我。这次考试，我的成绩下降了，在班里只排到第12名。敏敏在一边替我解围说：'阿姨，你们方方还好，我还不如她呢。'谁知，敏敏不说倒还好，她一说，妈妈反而更来劲了，她骂着我把敏敏也捎带进去了：'那你们还不在家好好补习功课，还到处玩，我要是学习不好，早就趴一边哭去了，看你们，一点事也没有，脸皮真厚！'

"敏敏气得眼泪在眼眶里直打转，转身就跑了。

"我和妈妈吵了起来：'妈妈，你怎么这样没礼貌？'

"妈妈说：'我就是要把她气走，免得她以后再来找你，以后也不许你和她在一起了。'

"我气哭了，跑进自己的小屋，把门反锁上。我觉得很委屈，妈妈怎么能这样无情地批评我呢？她怎么能这样批评敏敏呢？平时她不是显得很有教养吗？怎么现在原形毕露了呢？"

可见，方方妈妈这次批评给她心理带来了很大的创伤，偶尔成绩下降在求学生涯里是一件司空见惯的事情，只要耐心提醒，平日里刻意督促一下就可以解决。但是方方妈妈却大发雷霆，还骂孩子的好朋友。这给方方的心理带来了很大的创伤，从此妈妈的威信也将会在她纯洁的心灵中消失。

所以说父母要慎用手中批评的权利,如果批评不当不但起不到教育的效果,还会失去在孩子心中的威信,真是得不偿失啊!很多教育专家都建议家长,要尽量避免批评孩子,因为不管是怎样的批评,多多少少都会在孩子的成长过程中留下阴影。如果真的要动用批评的武器,也要有艺术地对孩子进行批评教育。

已经上小学六年级的小涛仍然"玩"性不改,每周六都要玩一会儿电子游戏。说是"一会儿",实际上却是好几小时。因为他每次都要打一局,而一局至少得打过好几关,有时甚至能从头打到尾,这样几小时就过去了。有时母亲看不过,便吼他:"别玩了!快去写作业。"他往往会以"只差一点就过关了"为理由,再拖半小时。

为了帮助儿子改掉贪玩的坏毛病,母亲想了个好办法。又一个周末,母亲约了自己的几个朋友聊天,并让小涛服务。就在小涛为阿姨削苹果的时候,母亲提起了如何对待孩子贪玩的话题。几位朋友都有十七八岁的孩子,所以都有话说。其中一位说:"我儿子已经上初三了,还整天惦记着玩,家里看得紧,他就到游戏厅、网吧玩,我都快愁死了。"小涛在旁边很紧张,生怕母亲揭自己的底。

小涛的妈妈接过话茬说:"你越管得紧,他越不听话。我就从来不管小涛,每周他都可以玩1小时的游戏,而且很守时,说1小时,就1小时。"说着,看了看表,然后对小涛说:"儿子,到了玩游戏的时间了吧？去吧，玩 1 小时就停。"

那天，小涛很自觉地在游戏机旁放了一个闹钟提醒自己，1 小时后，干干脆脆地退出了游戏。以后，不管母亲在不在旁边，小涛都只玩 1 小时，到了时间就立刻停止，再也不用母亲费心了。

小涛妈妈有艺术地批评孩子的教育方法很值得每一位父母学习。在孩子犯错误的时候要保持冷静，要心平气和。如果孩子经常听到："都这么大了还不懂事！""就知道玩，这么大了还让我操心！""好的没学会，就学会打架了，你是不是想把我气死？"可想而知，这些话会带给孩子什么样的心灵感受。所以批评也要讲究艺术，不能一味地呵斥和责备。

此外，批评孩子的时候还要注意以下两点：

第一，批评与表扬相结合。平时要本着多表扬少批评的原则，该表扬的时候表扬，该批评的时候批评，孩子会觉得父母是公正的，如果只批评不表扬，孩子会因你只看到他的缺点看不到他的优点而不满，从而不愿意接受批评。

第二，批评孩子要适时、适度。孩子的时间观念比较差，昨天发生的事，仿佛已经过去好久了，加上孩子天性好玩，刚犯的错误转眼就忘了。因此，父母批评孩子要趁热打铁，不能拖拉，否则就起不到应有的教育作用。

批评是扼杀天才的行为，在教育孩子的时候一定要有耐心，当孩子犯错误的时候，作为父母要循循善诱，让孩子认识到自己的错误，而不要一味地呵斥、一味地批评。无论在任何时候，作为父母都要慎用你批评孩子的权利。因为经常被批评的孩子潜意识里会认为自己真的不行，觉得自己永远不能达到父母的目标，从而他们没有自信，没有兴趣，也没有斗志，这样他们的天赋才能也就爆发不出来了。

孩子对父母也有期待

"你看人家小玲，家长什么都不用管，她一回家就自己学习，年年拿奖状，你倒好，给你买这买那，你什么时候拿过一张奖状给我们看啊？怎么我们就不能摊上一个好孩子呢！"

"这么小的孩子，还跟我们谈隐私，你小时候吃喝拉撒睡都是我一手照料的，现在看一看你的日记，了解一下你的思想状况，犯得着这样大吵大闹吗？你有没有一点尊重父母的意识？"

说这种话的父母，思考过已经在学习上感到挫败的孩子此时对父母的期待吗？思考过开始懂得羞怯、开始总结自己生活的孩子此时对父母的期待吗？

提到"期待"，我们会想到父母对孩子的期待，却很少考虑孩子对父母的期待是怎样的。

其实，孩子对父母有深厚的感情，他不一定通过言语表达，但是他一定会对父母有不同于常人的期待。别人可以忽视他的进步,但是父母的赞扬一定不能少;别人可以对他的愿望充耳不闻,但是父母一定要理解他的心意。孩子对父母的期待,就像父母对孩子的期待一样真切、热烈、甚至让人觉得不能承受,但是父母似乎没有察觉。

如果父母老是忽视孩子对父母的期待,就不会揣测出孩子的心理,体会到孩子的情感,也不能理解孩子的行为,久而久之,孩子和父母之间的交流必定生疏产生隔阂。也许那个时候,孩子不仅仅会对父母失望,也会因此伤透了心。所以,了解孩子对父母的期待,也是父母的必修课。

朋友之间,需要互相欣赏,如果总有人在你面前赞美别人,你也会觉得难过,父母与孩子之间更是如此。孩子不希望自己被父母拿去和别人比较,因为简单比较得出的结论往往是片面的,却能深深伤害孩子的心。孩子希望父母能够看到自己身上的进步,看到自己的努力,即使没有努力的孩子,听到父母的赞扬也会朝着好的方向转变,而骂声只会让孩子越缩越小,最后躲进自己的小世界。

人与人之间要相互尊重,任何职业和地位的人都应该得到尊重,父母与子女之间也是如此。父母对待孩子该像对待其他人一样,有最起码的尊重和信任,你绝不会拆看别人的信件、翻阅别人的日记,对孩子的隐私也一样。有的人追赶穿着的潮流,但是对文明的时尚反应迟缓。尊重孩子的隐私,算得上是现代文明的时尚,这样的时尚值得我们推崇和追随。同时,父母做错事情,孩子期待他们能够诚心诚意地道歉。

孩子对父母也许有更高的期待，希望父母是超人，可以拯救地球；希望父母是亿万富翁，可以租下整个游乐场；希望父母是道德楷模，受到万人敬仰……这与父母期待孩子成为科学家、富翁和君子是一样的。较高的期待建立在最基础的认可之上，孩子不能成为科学家，健康成长也值得欣慰，同样，父母不能做超人，相互尊重和信赖，还是应该做到的。如果父母连最基本的期待都无法满足，又怎能要求孩子满足你的期待呢？

父母爱孩子，所以对孩子充满期待，所以他会期待孩子健康成长、成人成才；孩子也爱父母，所以对父母也充满期待，所以他会期待父母爱护自己、欣赏自己、重视自己。期待是互相的，尤其是在互相深爱的人之间，父母们，请时刻记得你的孩子在期待着你，你要做个表率，实现孩子对你的期待，孩子也就会实现你对他的期待来作为回报，这也是互相的。孩子的成长离不开父母的积极期望，同时，也离不开对父母的积极期望。二者一起在积极的期望中共同创造进步吧！

赞美不能掉价，表扬不能失效

晓彤是个浓眉大眼的小男孩，他自小聪明伶俐，活泼可爱，成绩优异，爸爸妈妈、爷爷奶奶、外公外婆、姑姑婶婶、叔叔阿姨都特别喜欢他，大家对他都赞不绝口，经常对他说道："宝贝儿真是个好孩子！""你真棒！彤彤！""我们家晓彤是最好的！"……从小在赞美声中成长起来的晓彤难免有些高傲，因为他也觉得自己是最棒的，而当他慢慢长大后，他不再喜欢家长们的称赞了，突然间称赞对他失去了效用，因为他听腻了，而且也觉得大人们有点夸张，所以，晓彤渐渐对称赞免疫了，大人们如何鼓励赞美，他都提不起劲，导致他的学习和生活兴致都逐渐下降。大人们都摸不着头脑，谁也没有想到称赞对晓彤竟没有了效用。

孩子需要父母的肯定与鼓励，这是毋庸置疑的。但仅仅是空洞的表扬，或不着边际的吹捧，并不能培养孩子真正的自信。只有抓住孩子的长处，加以肯定与表扬，才能把真正的自信植入孩子心灵的深处。

美国心理学家里维斯博士认为，赞扬应当在孩子完成某一个值得肯定和鼓励的行为时进行，而且要恰如其分。对孩子空洞或不恰当的赞美，不仅无益，还会引起相反的效果。里维斯发现，许多父母常常用"你是个好孩子"之类的话来称赞孩子。这种总体的、笼统的赞美，起不了引导孩子正确自我估价的作用，因为他们无法知道自己好在哪里。父母应当对孩子具体的行为进行及时具体的表扬，如孩子洗了手绢，可以夸赞他洗得真干净；孩子收拾了玩具，可以表扬他收拾得真整洁。只要孩子有进步就要鼓励，每有好表现就要加强鼓励的感情色彩。如果父母留心，总会找出具体理由来称赞与表扬孩子。

同时对孩子具体行为地夸奖也要适度。廉价的赞美也会贬值，逐渐使称赞在孩子心目中起不了任何作用，或者使孩子形成不切实际的自我评估而盲目自满，这也会危害他们的成长。

表扬是一门艺术，过多的表扬会影响孩子的行为动机，使他为了表扬采取主动行动。所以，作为父母，应当明白如何进行适度的表扬：

1. 表扬要具体。表扬得越具体，孩子越容易明白哪些是好的行为，越容易找准努力的方向。一些泛泛的表扬，如"你真聪明""你真棒"虽然暂时能提高孩子的自信心，但孩子不明白自己好在哪里，为什么受表扬，且容易养成骄傲、听不得半点批评的坏习惯。

2. 表扬要及时。对应表扬的行为，父母要及时表扬。否则，孩子会弄不清楚为什么受到了表扬，因而对这个表扬不会有什么印象，更说不上强化好的行为了。因为在孩子的心目中，事情的因果关系是紧密联系在一起的，年龄越小，越是如此。

3. 表扬要有针对性。有些父母和教师常对孩子许愿："你做了这件事我就表扬你。""你考试达到90分我就奖励你。"这容易使孩子为得到表扬或奖励才做某件事，哪怕这件事是他应该做的，没有表扬或奖励他就不做，这将有悖于培养孩子良好的道德行为。

4. 表扬要注意个性。对性格内向、个性懦弱、能力较差的孩子就要多肯定他们的成绩，增强他们的自信心。反之，对虚荣心理强、态度傲慢的孩子则要有节制地运用表扬，否则将会助长他们的不良性格，影响他们的进步。

5. 表扬要适度。过分的表扬易使孩子骄傲自满，过少的表扬也不利于儿童身心健康发展。儿童的成长需要父母的鼓励和爱抚。有一个小男孩不管有没有病都向妈妈要药吃，原来这位妈妈平时不经常表扬孩子，只有当孩子有病吃药时才说上一句"能干"，致使孩子认为自己什么都做不好，只有吃了药才算能干，所以他经常以吃药来换取表扬，求得心理上的满足。这不能不说是这个妈妈在教育孩子中的一个失误。

6. 表扬不仅要看结果，还要看过程。孩子常"好心"办"坏事"，例如，孩子想"自己的事自己干"，吃完饭后，自己去刷碗，不小心把碗打破了。这时妈妈不分青红皂白一顿批评，孩子也许就不敢尝试自己做事了。如果妈妈冷静下来说："你想自己做事很好，但厨房路滑，要小心！"孩子的心情就放松了，不仅喜欢自己的事自己做，还会非常乐意帮你去干其他家务。因此只要孩子是"好心"就要表扬，再帮他分析造成"坏事"的原因，告诉他如何改进，这样会收到较好的效果。表扬最好在良好行为之后进行，而不是事先许诺，从而增强儿童做出良好行为的自觉性。

7. 表扬的方式。只有适合孩子的表扬方式才能收到最好的效果。表扬、鼓励的方式有很多，如购买图书、玩具、衣服、糖果、饮料等物质奖励；点头、微笑、搂抱、竖大拇指等动作，表情奖励，恰如其分的语言表扬，等等，都能带来良好的收效。

相信自己的孩子是天才

美国的罗杰·罗尔斯是纽约第 53 任州长,也是纽约历史上第一位黑人州长。他出生在纽约声名狼藉的大沙头贫民窟,这里环境肮脏,充满暴力,是偷渡者和流浪汉的聚集地。在这儿出生的孩子从小耳濡目染逃学、打架、偷窃甚至吸毒,长大后很少有人会获得较体面的职业。然而,罗杰·罗尔斯是个例外,他不仅考入了大学,而且成了州长。

在就职的记者招待会上,到会的记者提了一个共同的话题:是什么把你推向州长宝座的?面对 300 多名记者,罗尔斯对自己的奋斗史只字未提,他仅说了一个非常陌生的名字——皮尔·保罗。后来人们才知道,皮尔·保罗是他小学的一位校长。

1961 年,皮尔·保罗被聘为诺必塔小学的董事兼校长。当是正值美国嬉皮士流行的时代,他走进诺必塔小学的时候,发现这儿的穷孩子比海明威等"迷惘的一代"还要无所事事,他们不与老师合作,他们旷课、斗殴,甚至砸烂教室的黑板。皮尔·保罗想了很多办法来引导他们,可是没有一个是有效的。后来他发现这些孩子都很迷信,于是在他上课的时候就多了一项内容——给学生看手相。他用这个办法来鼓励学生。

当罗尔斯从窗台上跳下,伸着小手走近讲台时,皮尔·保罗说:"我一看你修长的小拇指就知道,将来你是纽约州的州长。"

当时，罗尔斯大吃一惊，因为长这么大，只有他奶奶使他振奋过一次，说他可以成为5吨重的小船船长。这一次皮尔·保罗先生竟说他可以成为纽约州的州长，着实出乎他的预料。他记下了这句话，并且相信了它。从那天起，"纽约州州长"就像一面旗帜，罗尔斯的衣服不再沾满泥土，说话时也不再夹杂污言秽语。他开始挺直腰杆走路，表现出从未有过的自信。在以后的40多年间，他没有一天不按州长的身份要求自己。51岁那年，他真的成了州长。

　　当一个孩子相信自己可以成为天才，他就会有更高的自我期望、更远大的理想和更充足的自信心，即便他不会像自己预想的那样成为天才，也一定可以在处理任何事情上彻底地发挥自己的潜能。而孩子的自信首先来自父母对他的信心，所以，父母要相信自己的孩子是天才，你的孩子就可能是天才。你的期待会使孩子感受到爱与支持，从而充满自信，生气蓬勃；相反地，你的不信任会使孩子失去信心与发展机会。

　　卡尔·威特曾经说过，"每个孩子都是天才"。当卡尔·威特的儿子还没有降生之前，他就坚信：对于孩子的培养，教育方法至关重要。只要教育方法正确，普通孩子也会成为不平凡的人。所以，卡尔·威特将生下来并不被看好的孩子培养成19世纪德国的一个著名的天才。他八九岁时就能自由运用德语、法语、意大利语、拉丁语、英语和希腊语这六国语言；并且通晓动物学、植物学、物理学、化学，尤其擅长数学；9岁考入莱比锡大学；

10岁时他进入了哥廷根大学；年仅14岁就被授予哲学博士学位；16岁获得法学博士学位，并被任命为柏林大学的法学教授。这一切，就归功于卡尔·威特的合理教育以及他对孩子的信心。

任何成功的孩子的父母都有一个共同的特点，那就是恰到好处地夸奖孩子。恰到好处地夸奖是指父母地夸奖不仅能够起到良好的激励作用，还能够起到警示的作用。小卡尔·威特在《卡尔·威特的教育》一书中认为父母教育孩子最重要的方法是"鼓励孩子去相信自己"，只有当孩子对自己充满了信心，父母才能够培养出优秀的人才。而孩子对于自己的信心来源于"父母有效地夸奖"，这种有效地夸奖就是恰到好处地夸奖，是能够给孩子带来自信但又不至于造成自傲地夸奖。

心理学研究表明，在0～4岁的儿童中间，弱智儿童仅占到1.07%，而超常儿童则在0.03%以上。也就是说，98%的孩子都不存在智力问题，而是爱学不爱学、会学不会学的问题。从这个角度来看，就可以得出每个孩子都是天才的结论。无论是父母还是孩子自身，我们都必须改变对天才的看法，也只有这样，我们才能真正造就出天才。

正因为如此，父母在培养孩子的过程中应该注意的是，一定坚信自己的孩子是最优秀的，承认孩子的优点，对他的未来充满信心，给他积极的暗示。如果自己的孩子与别人的孩子在某一方面相比成绩平平，甚至远远不如别人的孩子，即便是在这个时候，父母也要坚信自己的孩子在另外一些方面也一定有他的过人之处，只是现在还没有表现的机会而已。作为父母，一定要仔细观察孩子闪光的一面，肯定孩子存在的优点。

孩子的能力不可低估，努力发现自己的孩子

幼儿园里的《幼儿思维游戏》开课了，这未免叫妈妈有些担心。在妈妈看来，这些小不点认知能力很弱，况且有的连话还说不清，不哭不闹就不错了，怎么可以接受这些思维游戏的课程呢？有的妈妈带着好奇和怀疑，跟着孩子观摩了一节课。

这节课的名字是《小蚂蚁看世界》，小朋友们随着老师一起走进了故事中来认识世界，他们不仅认识了冬天，知道了小熊和小松树喜欢吃什么，知道了小动物是怎么过冬的，知道了啄木鸟可以给树治病，等等。在上课的时候，孩子们通过操纵游戏材料，不停地在思考，整个课堂处于积极活跃的状态。这位妈妈经过亲眼看见，证实了孩子的能力不能低估。只要妈妈给他们的思维发展创造条件，他们就可以创造出让妈妈意想不到的奇迹。

其实只要父母们细心发现就可以得知，多给孩子一些自主的空间，多给学生一些动手的机会，就可以发现原来孩子并不是父母们所想象的那样，孩子的能力是不可低估的。孩子往往有自己的想法和见解，但是有的时候却表达不出来，甚至连自己都意识不到。作为父母要帮助孩子发现自己，多与孩子进行对话，多给

孩子一些展示自己的机会，多观察孩子面对不同挑战时的反应，就会发现孩子并不是父母们所想象的那样简单。

一个孩子，他究竟有多少能力还没有被开发出来，作为父母估计都是心中没数吧。孩子对于成人而言，永远都是个谜。也许是因为他还小，纵然心中有无数奇妙的想法或是什么好的实施方案，也没有办法表达出来，甚至是他自己也没有意识到这一点！作为父母，应该经常有针对性地对孩子进行一些测试和观察，看他对不同的环境有着什么样的不同反应，才会明白他究竟在哪些方面有天赋可以供父母们开发。

每一个人都是天才，都具有一定的天赋。如果在小的时候能够被别人发现并培育，那么这个人就会取得非凡的成绩。相反，这个人就会默默无闻地度过一生，虽然他本身并不缺乏潜能。

父母们不仅要相信自己的孩子是个天才，父母的职责还在于敏锐地发现孩子的才能究竟在哪里，尽管这是一个相当复杂艰难的过程。挖掘孩子是一项艺术，即便那些看上去有些愚钝的孩子也有别人所不及的潜力，关键在于父母是否热忱地将孩子的潜质打开。

格莱斯顿曾经说过，"最有意义的事情莫过于把一个孩子内心潜藏的热忱激发出来。"事实上确实如此，每一个孩子身上或多或少都有一些将来可以成就大器的潜质。不仅那些反应敏捷、聪明伶俐的孩子是这样，即便是那些相对木讷，甚至看起来有些愚钝的孩子也有这样的潜质。一旦有人将他们的潜质打开，凭借这种热忱的力量，原先人们在他们身上看到的那种"愚钝"也会慢慢消失。

诺贝尔奖的获得者奥托·瓦拉赫在刚读中学的时候，妈妈建议他学习文学，可是老师认为他"过分拘泥，不可能在文学上有所发挥"，后来他又改学油画，老师认为他"素质一般，将来难有造诣"。面对如此"笨拙"的学生，化学老师却发现了他做事一丝不苟且耐心专一的特点，建议他学习化学。瓦拉赫改学化学之后，潜能被逐渐激活，并获得了诺贝尔奖。

成功专家罗宾曾说："每个人身上都蕴藏着一份特殊的才能。那份才能犹如一位熟睡的巨人，等待着我们去唤醒他。"每个孩子都有自己的闪光点，作为父母，要认清自己的孩子，了解孩子的长处和短处，挖掘孩子的潜能，因材施教，扬长避短，每个孩子都能成材。

当父母们明白了这个道理之后，相信很多父母决心要把精力放在开发孩子上。可是，如果培养方法不得当，那不是空忙一场吗？在发现孩子潜能这一方面，让父母们领教一下美国著名教育心理学家霍华德·加德纳的理论。

霍华德·加德纳是世界著名教育心理学家，美国哈佛大学教育研究生院心理学、教育学教授，加德纳发现并提出的"多元智能教育"的创新理论与方法，引起世界各国的广泛关注，并得到了包括中国在内的教育界人士的高度评价。霍华德·加德纳认为：给自己足够的弹性，给孩子足够的信心，是很重要的教养态度。

而多元智能的重要性就在于：它给了每个人不同的发挥与成功机会。一旦父母们有多元智能的观念，便可以学会用较为宽广的角度来看待孩子的一举一动，来发觉孩子的不同潜能。如此一来，也就比较不会落入过去传统"只求考试成绩好"的桎梏中，而忽略孩子的其他能力；甚至也不会因此给自己和孩子过多的压力和期待。因为懂得适才适性，不仅让孩子能尽情探索和发挥，也可以让自己成为快活轻松的父母！

父母要先把孩子当成天才，他才有可能是个天才。努力发现自己孩子的与众不同之处，及早对孩子的综合才能进行正确地评估，尽早发掘孩子的特长和潜能，那你的孩子也能成为天才。

目标是一种积极期望，也是孩子成长的需要

早在儿童时代，比尔·盖茨就是一个有想法的、早熟的孩子，表现出强烈的想成为人中之杰的愿望。在湖滨学校上学时，比尔·盖茨跟一个老师说，将来他一定能成为一个百万富翁，用现在的说法就是那时他就有远大的目标。

湖滨中学是美国最先开设计算机课程的学校。盖茨如鱼得水，求知欲得到极大的满足，凡能弄到手的计算机书刊、资料，盖茨总是百读不厌，还能举一反三。同窗好友保罗·艾伦，常向盖茨发难和挑战，坚强的意志力和强烈的进取心使他俩成为

知己。艾伦曾说:"我们都被计算机能做任何事的前景所鼓舞……盖茨和我始终怀有一个伟大的梦想,也许我们真的能用它干出点名堂。"

当艾伦醉心于专业杂志时,盖茨喜欢读一些商贸杂志。他们甚至想到用学校的计算机赚上一笔。盖茨的计算机水平提高极快,以致许多高年级学生向他请教。在破坏计算机安全系统方面,盖茨可算是行家里手。在计算机中心公司,他们发现了一种弄虚作假的办法,使计算机按他们的程序工作,而使用的计时记录却保持不变。一旦系统出现问题,公司人员立即就会猜出是盖茨捣的鬼。作为免费使用计算机的交换,盖茨和艾伦把发现的问题逐一记录,汇编成册,起名为《问题报告书》。半年后,《报告书》已增至300多页。

盖茨一直有一个伟大的目标:将来,在每个家庭的每张桌子上面都有一台个人电脑,而在这些电脑里面运行的则是他本人所编写的软件。正是在这一伟大目标的催生下,微软公司诞生了;也正是在这个公司的推动和影响下,软件业才从小到大,并发展到今天这种蓬勃兴旺的地步。

比尔·盖茨白手起家,最终成功创建微软帝国,这与他小时候确立的目标不无关系。事实上,追求卓越的创业天才,往往从小就有目标。

有目标的人,就有一股巨大的、无形的力量,将自身与事业有机地融合为一体。目标,能唤醒人,能调动人,能塑造人,目标的力量是难以估量的。有明确目标的人，生活必然充实有劲，绝不会因无所事事而无聊。目标能使人不沉湎于现状，激励人不断进取，引导人不断开发自身的潜能，去摘取成功的桂冠。

所以，每一个孩子都应该在心中树立一个目标，然后着手去实现它。他应该把这一目标作为自己思想的中心。这一目标可能是一种精神理想，也可能是一种世俗的追求，这当然取决于他此时的本性。但无论是哪一种目标，他都应将自己思想的力量全部集中于他为自己设定的目标上面。他应把自己的目标当作至高无上的任务，应该全身心地为它的实现而奋斗，而不允许他的思想因为一些短暂的幻想、渴望和想象而迷路。

如果你的孩子尚且年幼，那你不妨教会他在做每一件小事时都给自己设定一个可行的目标，比如搭积木，有的孩子搭得又快又好，有的孩子却反反复复也搭不出一个样子，这就是有目标和没有目标的区别。因此我们不妨在孩子动手做一件事前，总能先提示性地问问他：你要做的是什么？要做到什么程度才可以呢？这样习惯成自然，渐渐地，孩子就会懂得凡事都给自己确立一个目标了。

同为有目标的人，有人成功了，有人未成功，有人大成功，有人小成功。这与目标是如何确立的有很大关系。一个很容易付诸成功的目标具有两个特征：目标远大；目标可以量化。只有达到这两点，目标就很容易实现。

如果你的孩子正在为不知填报哪所高校和专业而犯愁，那你

不妨问问他下面几个问题来启发他们:

1. 你想在你的一生中成就何种事业?
2. 在你的日常生活中哪一类的成功最能让你产生成就感?
3. 你最热爱的工作是什么?
4. 如果把它作为自己终生的事业,怎样做到在有利于自己的同时,也对别人有帮助?
5. 你有哪些特殊的才能和禀赋?
6. 周围有些什么资源可以帮助你实现自己的目标?
7. 除此以外,你还需要什么才能实现自己的目标?
8. 有没有什么职业是你内心觉得有一种声音在驱使你去做的,而且它同时也会让你在物质上获得成功?
9. 阻碍你实现自己目标的因素又有哪些?
10. 你为什么没有现在去行动,而是仍然在观望?

当他们认真、慎重地思考上述问题后,你会发现,它对寻找、定位自己远大目标,将有切实的帮助。

事业有成,是目标的赠予。确立了有价值的目标,才能进一步地分配自己的时间和精力,准确地寻觅突破口,找到聚光的"焦点",专心致志地向既定方向前进。目标如一的人,能抛除一切杂念,聚积起自己的所有力量,全力以赴地朝向目标迈进。

不甘作平庸之辈的人,必须要有一个明确的追求目标,才能调动起自己的智慧和精力,全力以赴为自己的目标而行动。所以,父母应鼓励孩子树立目标,将这种积极的期望化为前进的动力,最终在追求目标的过程中收获成就。

孩子的自信来源于父母的信心

爱因斯坦小时候，老师和同学都认为他是个"傻子"。不仅功课很差，而且连话都说不清楚。面对人们的讥笑和议论，担任电机工程师的父亲并没有对孩子失去信心，他相信爱因斯坦一定能成才，并且期望他能做出伟大的事业。为了培养起孩子的自信心，父亲为爱因斯坦买了积木，让他搭房子，搭好一层，便表扬和鼓励孩子一次，结果，爱因斯坦情绪高涨地一直搭到了14层。父亲还积极透过各种方式帮助爱因斯坦建立自信，消除爱因斯坦的消极情绪，也点燃了爱因斯坦心头的希望之火，让爱因斯坦振作起来，使他以一种不断进取的心态，努力奋进，最终成为举世瞩目的伟大的物理学家。

自信心能够让一个孩子坚信自己有能力克服困难并相信自己能够成功。美国历史上的著名富豪范德比尔特曾经说过："一个充满自信的人，事业总是一帆风顺的，而没有自信心的人，可能永远不会踏进事业的门槛。"

李开复在美国上学期间，曾经因为能背出很多数学公式而被老师夸奖为"数学天才"。其实李开复心里很明白，自己根本就不是什么数学天才，只是把以前记住的东西搬了出来。但是自信的力量是无穷的，在这种自信心的驱使下，他开始认真地学习数学，并且还在全州的数学竞赛中获得冠军。

自信心是孩子潜力的"放大镜"，是孩子取得成功的根本，而孩子的自信，首先来源于父母的赏识以及信任。如果一个孩子是成长在只有批评没有夸奖的环境中，就很难能得到自信。相对说来，一个积极夸奖的环境更容易激发孩子的自信。

给孩子一些正面地夸奖，让孩子知道父母其实在注意他做的每一件事，这对于他的成长很有好处。自信是需要逐步来培养的，父母可以帮助孩子做一个长期的计划。比如让孩子每天都在听你讲过故事之后发表自己的见解，如果能坚持一个星期就可以奖励他。1年以后，也许你就发现孩子特别愿意在众人面前表现自己。

父母相信自己的孩子是有能力的，这对孩子能力的发展有巨大的促进作用。著名的"罗森塔尔效应"就是说明的这个问题。

罗森塔尔是美国的心理学家，1968年，他做了一项关于学生对成绩期望的实验。他在一个班上进行测验结束之后将一份"最有前途者"的名单交给了校长。校长将这份名单交给了这个班的班主任。8个月之后，罗森塔尔和助手再次来到了这个班，发现被列为"最有前途者"的学生成绩大幅度提高。其实，学生成绩提高快的原因很简单，因为老师更多地关注了他们，他们也对自己更有信心了。

其实，每个孩子都有可能成为非凡的天才，但是这种可能的实现，取决于父母是否可以像对天才有信心那样对他有信心。

如果你想培养自信的孩子，最好的方法是多对孩子进行鼓励，留意你对孩子说的每句话的措辞和语气，多做肯定性的评价，如"我相信你做得到的""我对你有信心""你做得真出色"，等等。卡耐基在他的人际交往课程中也提到这样一个例子，如果想改变一个孩子读书不专心的态度，妈妈会对孩子说："哈姆，我真的要以你为荣，这个学期你的成绩进步了，但是假如你的数学可以更努力一些就更好了。"孩子听到了妈妈这样的评价，非但不会从内心感到高兴，反而觉得妈妈在批评他，前面的表扬只不过是为了批评而做的铺垫罢了。而聪明的妈妈会这样讲："哈姆，你这个学期的成绩进步了很多，我们真的要以你为荣呢。而且，只要你下个学期继续努力，你的数学也一定会更出色的。"

如果孩子犯了错误真的需要父母做出批评，在不伤害他自信心的前提下，应该怎样说比较好呢：

1. 用低声和孩子交谈。一般来讲，"低而有力"的声音更容易引起孩子的注意，也容易让孩子注意倾听你说的话，这种比较平缓的方式，比大声训斥要好上一千倍。

2. 有的时候可以采用沉默的方式。孩子做错事的时候，心理多少也有点自责。这个时候如果父母对孩子保持沉默，孩子的心理反而会更加紧张，进而反省自己。

3. 旁敲侧击加以暗示。有些父母面对孩子的过失，不是直接地批评，而是用启发式的教育，孩子会很快明白父母的用意，愿意接受父母的批评和教育，而且这样也保护了孩子的自尊心。

4. 用推己及人的方式说教。当孩子犯了错误给他们带来了麻烦，父母只要问一句"如果你是那个人，你会怎么想"，通过这样引导孩子设身处地地为他人着想，孩子也会意识到自己的过错，并促进他反省自己，主动承认错误。

5. 看到孩子犯错误要及时批评。父母批评孩子要趁热打铁，不能拖拉，因为孩子刚刚犯过的错误，可能一转眼就忘记了。

孩子的成长离不开自信，也就是离不开父母对他的信心。父母不要吝啬自己对孩子的赏识和信任，要让这些正面能量转化为孩子的自信，让源源不断的自信成为孩子不断进步的动力，让这些动力创造出孩子精彩丰富的一生。

孩子需要父母给以成就感

母亲要给几个孩子分苹果。可是苹果有红有绿，有大有小，各不一样。

一个母亲告诉孩子："好孩子要学会把好东西让给别人，不能总想着自己。"

另一个母亲把那个最大、最红的苹果举在手中，说："这个苹果最大、最红、最好吃，谁都想要得到它。很好，现在，让我们来比赛一下，我把门前的草坪分成几块，你们一人一块，负责修剪好，谁干得最快、最好，谁就有权得到大苹果。"

结果，前一个母亲教育的孩子为了讨母亲的欢心，学会了撒谎，最后进了监狱。而后一个母亲的孩子从中明白了一个最简单也最重要的道理：要想得到最好的，就必须努力争第一，最后成了白宫的主人。

第二个母亲，她做法的高明之处在于激发了孩子的成就感。经常有成就感的孩子能够在将来更好地实现自己的人生目标。父母都希望自己的孩子在将来能够出人头地，那么如何培养孩子的成就感呢？可以从下面的几个方面开始：

1. 建立起良好的亲子关系。良好的亲子关系是提升孩子成就动机的大前提。孩子敬重和认同父母，这样能够充分发挥父母的影响力，父母正确价值观的建立对孩子的成就欲也有着间接的鼓励。

2. 丰富孩子健全的情绪体验。脑生理学家指出，支配创造欲望的区域与支配情感的区域，同在大脑"新皮质"的额叶。这正是与动物本质不同之所在。人有两片额叶，动物没有。只有人才会产生动物远不能比拟的复杂欲望和感情。因此，要发展孩子的成就欲，必须丰富孩子的情绪体验，使他们成为情感丰富、健全的人。

3. 要尊重孩子的独立性。孩子在独立做事情的时候会体验到各种情感，这种体验会反过来激发他们做事情的欲望和兴趣。在他们的努力下，事情成功时，心情与在别人帮助或强迫下成功是大不一样的，巨大的喜悦会激起争取更大成功的欲望，相反，失败了也会使他们产生出不屈不挠的精神。

4. 要创造条件让孩子尽早取得成功。成功欲在一次次取得成功的基础上发展起来的。因此,无论孩子学什么、做什么,都要为之创造条件,耐心引导。切忌冷嘲热讽,伤害孩子。

5. 适时地给予正向回馈。适时的鼓励和支持能成为激发孩子成功的动力。回馈可以用具体明确的言语表达,也可选择孩子感兴趣的方式。

6. 鼓励孩子涉足新的领域,敢于尝试没有做过的事情。父母习惯于责怪孩子的冒险行为:"太危险了!""那可不能去!"禁令和责备对孩子十分有害。兴趣的萌芽、新奇的体验受到摧残。额叶因得不到足够的刺激而发展不起来,孩子会变成一个缺乏欲望的人。

7. 要帮助孩子不断总结经验教训。事后父母可以帮助孩子想想哪些地方存在不足,如果重新做时应怎样改进会做得更好,使孩子的聪明才智和成就欲得到更好的发挥。

成就感其实也是一种积极的期望,一种积极的肯定,会给孩子带来无穷的力量,父母要适当给予孩子成就感,让他尝到甜头,从而激发他去追求更多的成就感!